本书由西安外国语大学学术出版基金资助出版

自我认同视域下的教师专业发展

THE TEACHER PROFESSIONAL
DEVELOPMENT UNDER
THE SELF-IDENTITY PERSPECTIVE

孙二军／著

社会科学文献出版社
SOCIAL SCIENCES ACADEMIC PRESS (CHINA)

前　言

教师专业发展中的自我认同是教师依据个人专业经历所形成的作为反思性理解的自我，主要集中于教师专业发展的主体性研究，强调教师对专业发展内涵的合理辨识与主动建构，强调教师对专业价值、身份与角色等的合理辨识与主动建构，强调教师对专业经历与专业经验进行深度叙述与反思性理解。教师的专业发展归根结底是自我实现的价值追求，它不能回避外部的身份规约与角色期待，教师需要对其专业价值、专业身份与专业角色等进行合理辨识与主动建构，这影响教师专业发展的主体性问题、目标问题、动力问题以及发展路径问题，这对于教师的专业发展以及整个教师教育，具有相当重要的理论价值与现实意义。本书在哲学、社会学与心理学等相关理论支撑下，对教师专业发展中的自我认同进行多领域交叉研究与探讨，在分析教师专业发展中自我认同与认同危机基础上，分析了教师专业发展中的合理认同问题，进而在合理认同视域下探讨了教师专业发展实现路径等问题，一定程度上能够丰富教师教育的研究内容，深化对教师专业发展的认识与思考。

在多维视域下，教师的自我认同与专业发展在不同时空维度内，在抽象或具体情境中，呈现"动静结合"的特征与规律。教师自我认同与认同危机相伴而生，动态影响着教师的专业实践与专业发展。教师的认同危机表现为教师自我价值、身份与角色的认同危机，教师的"失语"状态、教师的"焦虑与倦怠"，教师的创造性的日益耗竭，教师的道德框架陷入分裂的状态，甚至表现为教师对教育本身的信仰危机。这些认同危机内在需要在专业发展过程中实现教师自我合理认同。合理认同不是自顾自地自我认同，而是在合目的性与合规律性关系中，在不同空间、时间维度中，在不同情境中，帮助教师实现"自我"的合理辨识，帮助教师在叙述与反思中找寻自我家园，帮助教师在自我认同过程中实现自身的专业发展。基于此，本书提出在专业发展的过程中，教师需要注重"自我"的觉醒与主体意识，重视在叙述中进行反思，重视与他者的交往与协商，重视在确立职业锚的基础上规划自我，重视自我的调适与相关心理机制的培育。

本书通过对认同与自我认同理论以及相关研究的比较分析，探讨了教师专业发展中自我认同的内涵与特性，着重分析了教师专业发展中价值、身份与角色的自我认同问题，进而研究了在"空间情境"、"故事情境"与"问题情境"中教师的自我认同及其特性。以自我认同的合理性与教师的主观态度为横纵坐标轴，对教师专业发展中的自我认同进行静态分类与表征。把教师专业发展中的自我认同分为四类，即积极的合理认同、消极的合理认同、消极的不合理认同和积极的不合理认同。本书还借鉴"自我更新"教师专业发展阶段理论与职业锚相关理论，分别探讨了在"非关注"、"虚拟关注"、"生存关注"、"任务关注"及"自我更新关注"五个阶段教师自我认同的特性及其专业发展。

　　本书试图对教师自我认同的内涵、特征与规律进行较为深入的分析，力求在专业发展的过程中对教师的多维认同、认同危机、合理认同及其实现路径进行较为全面的阐述。教师自我的多维认同、认同危机与合理认同既是本书的研究脉络线索，也是本书着力探讨的重心所在，也是本书所关涉研究的创新之处。理念是行为的先导，本书侧重于理论层面的研究与探索，侧重于对教师自我认同与专业发展进行理论剖析。需要指出的是，缺乏相关调查研究与实证分析，既是本书所关涉相关研究的缺陷与不足，也是该研究主题进一步延伸的着力点，今后研究需要予以重视与完善，即在加强理论研究的缜密性与指向性的同时，注重多种研究方法的应用与实证分析的加强。

　　总而言之，对于教师专业发展中自我认同的相关研究仍处于起步阶段，教师专业发展中的自我认同、认同危机与合理认同问题需要予以多学科交叉研究，并注重研究方法的多元性，这样才能更全面地把握其内在特征与规律，更好地指导实践及促进教师的专业发展。

序 一

教育大计，教师为先。学校的发展依靠高水平的专业化骨干教师群体，需要优秀的、有自己教育优势和特色的骨干教师引领整个教师队伍的成长。教师专业成长，是指教师参加工作以后的教育思想、知识结构和教育能力的不断发展。教师的专业成长归根结底是教师自主的专业发展，而自主的专业发展又直接关涉教师专业自我的建构与生成。因此，教师的专业自我不仅仅是一种思辨层面的"抽象概念"，也应该成为教师专业理性的"话语表达"，共同指向于教师的专业价值、身份、角色等；教师专业发展中的自我认同就是教师依据个人专业经历所形成的作为反思性理解的自我，集中体现了教师专业发展的主体性，着重关涉教师专业发展的目标、动力及路径等。

孙二军副教授在其博士论文基础上所著《自我认同视域下的教师专业发展》一书，以自我认同与专业发展的契合与关联作为研究主题，以"自我认同—认同危机—合理认同"为内在逻辑，以教师专业发展的主体性、目标、动力及路径等为研究重心，研究思路清晰、结构合理、内容全面，具有一定的学术价值与现实意义。该书在探讨教师专业发展中自我认同与认同危机的基础上，分析与思考了教师专业发展中的合理认同问题，进而在合理认同的视域下，集中探讨了教师专业发展的实现路径及策略。事实上，教师的自我认同就是要回归到专业实践之中和教师专业发展的全程，达成同一性与差别性、整体性与碎片性的辩证统一，从而帮助教师寻找到专业实践与发展的"精神家园"与"动力之源"。

同时，专业自我、专业认同、主体性发展等学术话题都是当前教师教育专业领域研究的热点与焦点，该书在借鉴哲学、社会学、心理学等学科领域研究成果的基础上，在多维视域下揭示了教师的自我认同与专业发展在不同的时空维度内，在抽象或具体的情境中，呈现"动静结合"的特征与规律。就专业发展的过程与实践而言，教师需要注重"自我"的觉醒与主体意识，重视在叙述中进行反思，重视与他者的交往与协商，重视在确立职业锚的基础上规划自我，重视自我的调适与相关心理机制的培育等。该书主题明确、主线清晰，所进行的理论研究与探讨，具有理论的思辨性与实践的指导性，对提高学校骨干教师群体的专业化水平，引领全校教师队伍的成长，指导处于自我迷失状态中的教师走出低谷，融入改革、融入环境、改善人际关系，步入专业发展的快车道，具有重要的借鉴意义。

郝瑜

2016 年 10 月于西安

序 二

　　教师专业发展是当前教育研究的热点课题之一。从某种意义上说，教师专业发展的水平与质量直接决定着教育改革的成败得失。当前教师教育的变革与发展，越来越多地关注到对教师的主体性研究，关注到教师专业自我的相关研究与探索。孙二军副教授所著《自我认同视域下的教师专业发展》一书，即是在这样的研究主题背景下，在其博士论文的基础上修改完成的。

　　在硕士与博士学习阶段，作为一个青年学者，孙二军同志能够重视专业学习与探索的基础性与前瞻性，将自己的研究兴趣点与关注点逐步聚焦于教师职前培养与职后培训的系统改革之中，进而在借鉴多学科的理论及成果的基础上，最终将博士论文定位为"教师专业发展与自我认同"相关主题。应该说，论文选题定位具有较强的学术价值与现实意义。

　　在随后的工作实践与研究探索中，孙二军同志又进一步丰富和完善了相关研究主题与内容。在多维的视域下，着重探讨了教师自我认同的规律与特点，教师专业发展的目标、动力及路径，并重视二者的契合与相关。该书对于教师自我认同、认同危机与合理认同进行了较为深入的理论探讨，并能够结合当前基础教育改革的实际状况，较为系统地分析了教师专业发展中的价值认同、身份认同及角色认同等，进而提出了教师专业发展的路径及策略。具体而言，第一，在"静态"维度，本书以自我认同的合理性与教师的主观态度为横纵坐标轴，对教师专业发展中的自我认同进行一种分类与表征，并探讨四种样态下教师的专业发展策略；以"自我更新"发展阶段理论与职业锚理论为参照，分别探讨了在"非关注"、"虚拟关注"、"生存关注"、"任务关注"及"自我更新关注"五个阶段教师自我认同的特性及专业发展策略。作者所探讨的四种样态下教师的专业发展策略以及五个阶段教师自我认同特性和专业发展策略，对于教师如何在工作中进行自我认同继而促进个体的专业发展具有较强的理论指导意义。第二，在"动态"维度，本书着重探讨了教师自我认同危机及其化解策略，以及对教师专业发展的影响及诉求，进而探讨教师如何在危机中更好地实现自我的合理认同与专业发展。这体现了对教师专业实践与专业发展的一种现实观照与理论探析，具有较强的科学性。第三，引入合理认同概念，在合规律性与合目的性的辩证统一中，本书着重分析了教师专业发展中合理认同的内涵与特征，并提出教师专业发展的语言转向与对话协商。这在一定程度上不仅能够丰富教师教育的理论研究，也有利于促进教师的主动发展。

总体说，本书在所展开的理论分析中所得出的这些学术观点，具有一定的基础性与指导性，也为后续研究的进一步细化与深化奠定了良好的基础。

当然，教师专业与自我发展的相关研究多聚焦于思辨与阐释，往往缺乏也难以进行量化数据分析，因此会造成理论研究多、实践关注少的现实局面，这同样给本书所呈现的选题带来了更大的挑战，也对后续研究提出了新的要求。

学术之路虽布满荆棘、问题多多，但学术之火熊熊燃烧、生生不息！希望孙二军同志能够将教师专业发展的相关研究主题不断深化，在学术之路上不断砥砺前行！

李国庆

2016 年 10 月于西安

目　录

第一章　绪论

1.1　问题的提出：自我认同缘何促进教师专业发展

"教师专业发展在所有教育改革策略中居于中心地位，是所有学校改进计划的中心"[1]，是学校发展和教育改革成败的关键。对于教师专业发展有不同的理解视角，即"教师专业"的发展与教师的"专业发展"。前者指教师从职业到专业态的历史演变，后者则强调教师由非专业人员转变为专业人员的过程。前者把教师视为社会职业层序中的一个阶层，以争取专业地位与权力及力求集体向上浮动为专业化努力方向[2]；后者更注重教师教学水平的提高、专业知识与技能的发展，以及教师追求自我价值实现的精神性存在。[3] 从已有的研究视角及研究成果来看，大部分集中在后者，我国学术界把教师专业发展这一概念更多地理解为教师专业素质及专业化程度提高。我们可以这样理解，

---

[1] Adey, P., Hewitt, G., Hewitt, J. & Landau, N., *The Professional Development of Teachers: Practice and Theory*, Dordrecht: Kluwer Academic Publishers, 2004.

[2] 王建军：《课程改革与教师专业发展》，四川教育出版社，2004，第 67 页。

[3] 舒志定：《教师角色辩护——走向基础教育课程改革》，浙江大学出版社，2006，第 131 页。

前者是教师社会性的自我辨识与实现，后者是教师个体性的自我建构与实现。从某种层面而言，教师专业发展就是对教师社会性与个体性自我进行合理辨识与主动建构的历程，最终导向教师专业的自主发展与自我完善。因此，教师合理的自我认同，不仅能有效地激发教师专业发展的主体性，提升教师专业自主发展的动力系统，而且能够导引教师专业发展的目标与路径。

1.1.1 自我认同与教师的主体性

从多学科角度而言，现代专业主义把教师专业发展视为外在的要求，教师在国家和学校的制度要求下被动地进行发展。后现代专业主义对这种"外铄论"① 进行了批判，提出"内在发展"思想："发展越来越被看成是一种唤醒的过程，一个激发社会大多数成员创造力的过程，一个释放社会大多数成员个体作用的过程，而不是被看成是一个由计划者和学者从外部来解决问题的过程……因此，教师发展的本质是发展的自主性，是教师作为主体自觉、主动、能动、可持续的建构过程"。② 从依据时间跨度分析教师的相关研究来看，教师的主体性地位愈加凸显。前期的教师研究把教师作为被研究、被要求与被培养、被规范的对象；随着研究的深入，研究者越来越重视教师主体价值的确认、教师主体作用的发挥，凸显教师的创造性，以及对教师精神的解放与教师生命质量的提升。前期的教师研究是

---

① 姜勇：《论教师专业发展的后现代化转向》，《比较教育研究》2005 年第 11 期。

② Bullouih R. V., Kauchak D. P., Crow N., Stokes D. K., "Professional Development Schools Catalysts forTeacher and School Change", *Teaching and Teacher Education*, 1997, pp. 153 – 169.

将教师作为一种充满道德色彩的社会职业，并由此对教师提出各种社会使命，根据社会要求对教师素质作出一种规范、期待和要求，教师只能被动地应付；随着研究的深入，研究者逐渐把教师作为一种专业，确立了教师专业自我、专业自治、自我更新等概念，指导教师树立专业发展的方向与目标，主动地促进教师的专业发展。[①]

教师主体性的相关研究，从根本上就是对"我是谁"的主体式追问，它包括两个方面：一方面是对教师群体的主动性、自主性和创造性的一种研究与探索，另一方面是教师个体对专业价值、身份、角色等的一种自我认同。然而，"教师往往只具有被高尚与奉献精神掩抑着的工具性的'主体性'。人们主要是由外在的社会价值取向，并非主体性的意义范畴，来规约教师的技术职业道德规范与学术标准，往往通过责任与义务的解释来建构教师的素质规格和培养体系。教师内在的价值取向、内在的成就动机以及自我实现的价值目标，并没有受到重视。因此，就导致了真正意义上教师主体性的失落"。[②]

教师主体性地位的重新确立，内在要求教师在其专业实践中，成为具有主动性、自主性与创造性的专业人员。教师在其专业实践与专业发展中的主动性、自主性与创造性，既受制于诸多的社会性因素，也受制于教师自身的专业意识、专业素养及专业能力。但是，影响教师专业实践与专业发展的社会性因素，也需要通过个体的自我反思投射，才能形成其内在规约与

---

① 阮成武：《主体性教师学》，安徽大学出版社，2005，第15页。
② 杨启亮：《论主体性教师素质的培养》，《教育评论》2000年第2期。

影响。因此，教师的专业发展归根结底是教师对其教学专业身份的一种确认，是教师对"我是谁"和"理想的我"及"现实的我"的一种追问与确认。教师自我的合理认同，能够激发其对专业实践与专业发展的积极性、能动性与自主性，而且能够有效地提升教师的创造性与独立性。教师的自我认同是教师主体性的内在轨迹，而教师自我的合理认同不仅激发着教师专业实践与专业发展的动力系统，也导引着教师专业发展的目标与路径。

1.1.2 自我认同与教师专业发展的目标系统

1.1.2.1 空间纬度的目标系统："理想的我"与"现实的我"

教师专业发展理论的"后现代转向"[①] 体现出教师专业发展的自主发展、叙事研究、关怀情意、个体知识等趋势。教师自主专业发展的主要特征表现为自主专业发展意识的激起、自主专业发展能力的提升以及教师自主专业发展的外在关怀等。教师专业发展的核心因素是自主意识与自主能力[②]，教师专业发展过程也是教师的专业自我形成的过程。[③] 教师专业发展一个重要方面就是教师把自身作为自己认识、评价、反思和调控的对象，达到一种高度的教育自觉。教师的专业自我既包括自我意识等认知方面，也包括自我尊重感、自我效能感、自我价值感、

---

① 姜勇：《论教师专业发展的后现代化转向》，《比较教育研究》2005 年第 11 期。

② 宋宏福、方成智：《论教师自我专业发展的有效途径》，《湖南师范大学教育科学学报》2003 年第 6 期。

③ 施秋奕、张肖琴：《教师的专业自我与教师专业发展》，《浙江教育学报》2004 年 3 月。

自我反思、自我监控、自我更新等情意领域。① 作为一种过程与结果的自我认同，直接影响着教师的自我意义感、身份感、归属感等情意领域，也直接影响着教师反思的发展路径。

教师的专业自我相对于外部社会性因素而言，是教师与外在社会环境长期互动所形成的一个复杂、多维的"自我世界"。这种专业自我是教师专业发展中的一个核心部分，也是促进教师专业发展内在的动力系统。教师多维的自我世界，首先可以按照空间维度，划分为"理想的我"与"现实的我"。"理想的我"是教师"想成为的自我"，是教师对专业价值、身份、角色等的一种内在体认，也是教师对专业发展的一种理想追求。"理想的我"帮助教师设定最高的发展目标，并且不断规划、监控和激励自我的专业发展。"现实的我"则是教师专业发展的当下状态，也是教师对所处环境及社会性因素的一种回应。"现实的我"帮助教师复现自己、反思自己，使教师的专业自我回归到日常生活世界。"现实的我"是教师正在经历着的专业自我，而"现实的我"与"理想的我"之间的协调与对话，不断形塑着教师自我的成长轨道，也激发着教师自主专业发展的内在动力。

可以做一个并不完全准确的诠释，如果专家教师形塑的自我代表着"理想的我"，那么新手教师、熟手教师和骨干教师等形塑的自我则代表着不同空间阶段的"现实的我"。专家教师与新手教师的差别不仅在于其所拥有的专业知识、专业能力，也在于其丰富的专业经验与专业经历，更在于其对教师专业价值、身份、角色等一种较为合理的自我确认与追求。骨干教师、专

---

① 阮成武：《主体性教师学》，安徽大学出版社，2005，第172页。

家教师的专业发展过程，更多地需要教师倾注其对教学专业的热情与智慧，把自我投射到教学的生活世界中，这样的专业自我才是真正促进其专业发展的核心动力，也是指引教师专业发展最为有效的路径。因此，对一个教师的专业生涯而言，我们需要促进其不断地对"理想的我"与"现实的我"予以确认、反思。

1.1.2.2 时间纬度的目标系统：过去、现在与未来的"我"

教师的专业发展是一个动态的过程，个人早期生活与教育经验影响着教师专业生涯的准备，而教师专业生涯则呈现不同阶段的典型特征。从时间的维度，我们可以对教师的专业发展进行阶段的划分，国内外相关的研究也很多。对于处于不同阶段的教师而言，每一个阶段的专业实践与专业发展都对应着过去与未来，过去的经历与经验影响着当下的专业实践与专业发展，而当下的专业实践与专业规划又影响着未来教师专业生涯的成功与否。

过去、现在与未来的时间跨度，不仅影响教师自身的知识与能力素养，更影响着教师教学专业身份的确认，影响着教师不同阶段的职业锚。职业锚是由美国学者施恩教授提出的[①]，他认为职业生涯发展是一个持续不断的探索过程，在这一专业发展过程中，每个人都在根据自己的天资、能力、动机、需要、态度和价值观等慢慢地形成较为明晰的与职业（或专业）有关的自我概念。从另一层面而言，职业锚的确立就是教师在自身

---

① 施恩：《职业的有效管理》，三联书店，1995，第 127~129 页。

专业发展不同阶段对自我的追问与确认，是教师对相对此阶段的过去专业经历与经验的一种反思性理解，是教师对当前阶段"现实自我"的一种反思性定位，对未来"理想的我"的一种专业规划。职业锚理论的核心就是对专业自我的明晰与确认，进而对自身的专业发展进行种种的规划与设计。教师的专业规划是依据自我的个人经历而动员起来的、准备未来行动进程的手段，它与教师个人的专业生涯周期密切相连。在一定意义上说，教师的职业锚是自我认同的结果，不同类型、不同程度的职业锚，就是不同类型、不同程度的自我观。每一个教师都会依据自身的专业经历与专业经验，依据个人的动机、需要和价值观等，不断反思性地确认自我，进而对自己的专业实践与专业发展进行规划与设计。每一个教师自我认同的过程与结果是有差异的，因此，其确立的职业锚也是有所区别的，这会影响到教师个体的专业规划与专业发展。

1.1.2.3 理性与德性：理想的教师专业发展

"知识化"倾向的教师专业发展，尽管忽视了教师的专业能力与专业情意，但反映了教师专业发展对知识素养的诉求。事实上，教师的专业发展是一个综合体，它既对教师的专业知识与能力提出了内在的要求，也对教师的职业伦理道德提出了新的挑战。在一定程度上，教师的专业发展是理性与非理性的统一，是德性与德行的统一。

理性对应于非理性。教师的专业理性强调教师专业知识的积累、专业技能的提升，也注重教师对外部规约的理性认识。教师的专业发展还包括教师专业情感、动机、态度和价值观等非理性因素，它们不仅影响着教师专业发展的动力，也是教师专业发展的内在要素。教师的自我认同就是教师依据自身的专业经历与专业实践，反思性理解而生成的，其核心是对专业自我的确认，它本身就是理性与非理性的对立统一。教师的专业自我不单单是一个抽象的概念体系，而是散落在教师专业生活世界的各个角落。教师的专业自我是通过教师的教案（实物化的）、教师的教学行为（语言与行动过程）、教师的职业态度与道德操守（精神层面的）等来投射的，这样的专业自我才是真实的，才是真切影响教师专业实践与专业发展的核心要素。

教师的德性与德行则是教师专业发展的终极关怀。德性与德行是对立统一的，德性与理性则不是一个层面的逻辑，教师的德性包含着理性与非理性的要素，但往往更多地体现为非理性的特征。四川汶川地震中，人们对教师的礼赞就是对教师德性与德行的一种高度认同。对个体来说，获得自我认同，就是获得一种德性生活和幸福人生。① 专业发展过程中教师自我的合理认同，影响着教师是否能够获得一种德性生活和幸福人生。教师的教书育人更多的是在一种琐碎的、劳碌的工作状态中的专业实践，这样一种生活世界需要理性的力量，需要有效的专业素养，但这样一种生活世界更需要对教师的专业精神进行呵护与培育。对教师自身而言，合理的自我认同，不仅能够反思性理解自身的专业经历，反思性地升华自己的专业经验，反思

---

① 寇东亮：《"义利之辨"的人学底蕴——在个体认同层面的展开》，《郑州大学学报》（哲学社会科学版）2005 年第 2 期。

性地建构自己的专业知识，而且能够反思性地生成自我的精神性存在。教师自我的合理认同不仅是教师专业理性的建构与生成，也是教师获得德性生活与幸福人生的一个基本要求。因此，德性与理性是教师专业发展两种不同层面的理想状态，也是教师专业发展的核心目标。

1.1.3　自我认同与教师专业发展的动力系统

Grundy 和 Robinson 认为，教师专业发展有两个推动力：一个是来自系统的推动力，包括学校和社会等因素的影响；另一个是个体自身的推动力，受到教师生涯发展阶段和生活经验的影响。① 具体而言，教师专业发展的外部动力系统主要包括教师的社会因素、政治因素、经济因素、行政因素和学校因素等，内部系统则主要包括教师专业发展的需要、兴趣、价值观、信念等。教师专业发展的内外两个动力系统之间互为影响、相互制约。而教师自我的合理认同能够实现内外两种动力系统的沟通与协商，能够提升教师专业发展的动力源。Kelchtermans 就认为，虽然教师专业发展是一个高度个体化的学习过程，但它不是在真空中发生的，而是个体教师与情境交互作用的结果。对教师发展有影响的工作情境不能视为单一线性的因果性影响，而是一个充满阐释与意义的相互交往的过程，通过意义建构的

---

① Grundy, S., Robinson, J., "Teacher Professional Development: Themes and Trends in the Recent Australian Experience", In C. Day & J. Sachs (Eds.), *International Handbook on the Continuing Professional Development of Teachers*, Maidenhead: Open University Press, 2004, pp. 146 - 166.

过程进行调控。^①

1.1.3.1　自我认同与教师专业发展的外部动力系统

尽管当前整个社会非常重视教育，非常重视教师职业生存样态的改善，但客观地说，教师的社会地位、经济地位处于一个并不理想的发展状态之中，甚至在一些老少边穷地区，教师的职业境遇相当不乐观。同其他职业一样，当教师这一职业的外在价值未被认可与体认时，教师的专业发展往往会遭遇到相当的阻力。假想教师职业的社会声望高、经济待遇高、社会福利保障好，那么教师的专业发展就会处于一个非常积极的外部空间之中，在这样一种社会环境里，教师群体与个体的专业发展都会迸发出强劲的动力。然而，现实层面的职业境遇，社会对教学专业的一种轻视或漠视，势必会影响相当部分教师对教学专业的热情，势必会减弱相当部分教师群体与个体专业发展的动力源。从这个层面而言，他者对教师的合理认同，就显得意义重大，而且也会持续地影响到教师的自我认同，在二者的交织中，每一个教师都会对自身的职业境遇与专业发展有一个或者清晰或者模糊的自我意识，每一个教师的自我认同也都不可能脱离整个社会、区域以及学校的外部空间的社会性因素。因为，教师合理的自我认同，从本质上就是自我与社会性自我的对立统一。

---

① Kelchtermans, G., "CPD for Professional Renewal: Moving beyond Knowledge for Practice", In C. Day & J. Sachs (Eds.), *International Handbook on the Continuing Professional Development of Teachers*, Maidenhead: Open University Press, 2004, pp. 217 – 237.

对于政府与教育行政部门而言，如何大规模、有效提升师资队伍的层次与质量，是当前教师教育的核心任务，它是教育改革的基本要求与基本保障。教育行政部门与学校对教师专业发展的引领与督导，更多的是通过制度、条例、标准，以及身份、角色、权利与义务等对教师的专业进行外部规约，它的立足点是社会与学校的需要，然后才是教师自身的发展需要。这样一种教师教育的模式是有积极意义的，也是非常必要的，它是教师队伍整体质量提升的有力保障，但它只能规约教师专业发展的基础性东西，它往往是达标性质的培训或培养，而无法实现对教师专业发展更高层面的要求。每一个活生生的教师个体，遭遇着自身不同的专业发展境遇，面对外在的社会与学校环境，面对诸多的外部规约，教师需要能够结合自身的专业实践，反思性地理解自身的专业发展。然而，由于大家自我反思的程度、水平有差异，不同的教师形成了不同的专业自我观，形成了不同的专业发展的自我意识与趋向。伴随这个过程，教师都获得了类型、程度不一的专业意义感、身份感、归属感、角色观等，正是由于对外在社会性自我的认同，教师个体形成了不同结果的自我认同，这又进一步地影响着自身的专业发展轨迹与发展动力。

从这个意义上讲，相对于教师的自我认同，社会、政府、学校和家庭等组织或是公众、管理者、家长和学生等，都会形成对教师职业及其专业发展的一种认同。这些"他者的认同"的合理与否，制约着教师专业的外部发展空间，影响着教师专业发展的外部规约。他者的认同与教师的自我认同，只有通过一种积极合理的沟通与协商，才能有效地提升教师专业发展的外部动力系统。

1.1.3.2 自我认同与教师专业发展的内部动力系统

意义感、身份感、归属感、自豪感抑或羞愧感与角色观等的获得是教师自我认同的结果，而在结果获得的过程中，教师反思性地生成了自我。教师的专业发展是教师对教学专业身份的一种确认，而教师自我的意义感、归属感、自豪感抑或羞愧感，从根本上决定着教师发展的内在动力系统。教师自我认同的结果能够影响和调控自身的需要、兴趣、动机、价值观等个性特征，而且自我的合理认同还能够帮助教师在境遇不佳的状态下，激发自我内在的发展动力。

教师身处繁琐、劳碌的教学生活世界，面临诸多的教育教学问题，往往还处在一个并不能令人满意的工作环境与专业境遇之中，诸如经济报酬、社会声望等现实的因素，这不仅影响着教师的专业实践，还制约着教师专业发展的动力系统。教师专业发展的内在动力系统又可以分为以下四个部分。第一，积极的、正向的发展动力。持续地感受着所从事的教学专业的意义，在日常的教学中建构和生成着自身的专业身份，成功地扮演或实现着复杂的专业角色，整个教学实践充满着工作的乐趣，对课程的改革、教学的革新充满热情等，上述这些表征的基础就是，教师在日常的专业实践中找到了自我，并且生成了自身的专业意义感、身份感和角色观等。积极的、正向的动力系统，可以使教师产生一种对教学专业及其实践的自豪感与自尊感，它是教师对专业发展更高层面的追求，有利于教师在较为完整的叙事与反思中形成专业自我，有利于教师德性生活与幸福生活的找寻与实现。专家型教师的成长体现了这样一种积极的、正向的功能，它是教师专业发展的理想状态，也是教师自我认同的理想结果。第二，积极的、负向的发展动力。由于教师的专业发展是一个动态过程，在教学中教师往往会感受到来自不同方面的压力，尤其在当下应试教育的影响下，教师往往会感受到自身专业的无奈，往往会对自身的专业发展产生一种羞愧感，甚至是一种负罪感。这样一种感受体现了外在规约与内在自我的一种不协调，往往造成一种工作压力源。但是如果教师能够合理地体认自身的这样一种无意义感，能够反思性地理解自身的羞愧感，那么压力就会变成一种积极的动力，新手教师的成长就体现了这样一种积极的、负向的动力。第三，消极的、正向的发展动力。工作的无意义感、专业身份的迷失，缺乏对教师群体或学校的一种归属感，教学的热情被纷繁复杂的问题搞得日益耗竭，这些都是教师专业发展中不可避免的问题。如果教师不能够合理地认同这些问题，那么教师就会在自我的困惑中迷失发展的方向，就会在自我的迷失中减缓前进的脚步。第四，消极的、负向的动力。它其实是教师专业发展的阻力源，因为没有形成自我的专业意义感、身份感、自豪感等，教师在专业实践中产生焦虑，进而由于与外部认同的不相协调，逐步形成了不合理的专业自我观，造成教学动力与热情的缺失，甚至是教师职业伦理道德的迷失。教师专业发展内部动力系统的四个部分，都与教师的自我认同有着内在的关联。从某种程度而言，教师自我认同的积极或消极、正向或负向，会直接导致四种不同的内驱力，这就需要我们在教师专业发展的过程中实现对专业自我的合理认同，进而促进其专业发展及专业实践。

1.1.3.3 自我认同与教师的职业倦怠及工作满意度

职业倦怠是一种心理综合症，是发生在与其他人一起工作的个体身上的情绪衰竭、人格解体和降低的个人成就感。情绪衰竭维度是个体症状群中个体内部基础的应激成分，是倦怠的核心成分。人格解体维度是职业倦怠中人与人之间相互作用的成分。降低的个人成就感维度是职业倦怠中的自我评价成分。[①] 影响教师职业倦怠的因素有很多，主要集中在背景因素、组织因素和个体因素上。教师的特殊背景因素对倦怠产生一定的影响，组织因素是导致教师倦怠的重要因素，个性差异则可以解释不同个体对倦怠的自我化解与应激。其中，角色冲突和角色模糊是教师倦怠的重要决定因素。职业倦怠与职业压力本身就是教师专业发展中无法避免的客观现象，在一定程度上，专业发展也要对职业倦怠进行化解，正视正负压力，变压力为动力，从而促进自身的专业发展。工作满意度则是组织行为和教育领域中的另一个研究热点。工作满意感与提高工作成绩、积极的工作评价、强烈的动机、减少倦怠以及增进职业幸福都有着密切的联系。教师工作满意度是教师对其工作与所从事职业以及工作条件与状况的一种总体的、带有情绪色彩的感受与看法。职业倦怠与职业满意度是教师专业情意体验的两种不同状态，但又都指向教师专业自我的建构与实现，指向教师日常的

---

① Freudenberger, H. J., "Staff Burnout Syndrome in Alternative Institutions", *Psycholthera-py*: *Theory*, *Research& Practice*, 1974 （12）, pp. 72 – 83.

专业生活实践，并激发不同的专业发展动力源。

事实上，教师自我认同所关涉的专业意义感、身份感、归属感、自豪感、羞愧感和角色观等的获得，与教师的职业倦怠和工作满意度都有着密不可分的内在关联。内外两方面的因素同时作用于教师的专业实践，不同的教师群体或个体就会产生不同的工作状态与发展态势。专业发展过程中教师自我的合理认同，教师自我的反思性生成，不仅体现在精神层面的动力特征，也会反映到教师的专业实践与工作状态之中。教师自我的合理认同能够有效地化解教师的职业倦怠，也会有效地提升教师的工作满意度。教师自我的合理认同，能够在自我反思性生成的过程中，激发教师的内外动力系统，从而促进教师改善自身的工作样态，促进自身的专业发展。

1.1.4 自我认同与教师专业发展的路径线索

综合当前国内外教师专业发展的相关研究，教师的专业发展有不同的分类形式及其路径：传统的教师专业发展注重标准化的教师教育或培训，具有典型的"外铄论"的特征，而后现代的教师专业发展注重教师的主体性，强调自主的专业发展，具有典型的"反思性"的特征；教师专业发展的路径有专业知识线索、专业技能线索、实践—反思的线索以及生态线索等。此外，有不少学者通过叙事—传记的方法对教师经验进行了叙述、对教师专业生活和教师生涯阶段进行了大量研究。这些研究展现的不只是一系列事件的时间线索，而是有意义的叙事建构；通过反思，教师将其体验建构为有意义的故事，同时也不断地建立和再建立教师的身份以及教学理论。[1] 教师的自我认同就是教师依据其专业实践与专业经历反思性理解生成的自我,教师对专业实践与专业经历的反思性理解,既包含了对理性层面的知识与能力素养的自我反思,也包含了教师对非理性层面的经验、情感以及精神性存在等方面的反思性理解。教师自我的合理认同,内在地导引着教师专业发展的实现路径。教师的自我认同就是对教师有限的生活历程与专业经历,以及自身的经验系统的一种深度描述与反思性理解。教师通过对生活历程与专业经历的叙述,规划着自身专业发展的目标系统。教师通过对来源于专业实践的教育经验的叙事与叙述,反思性地提升自身的专业能力与素养。

1.1.4.1 重视教师的反思性理解

杜威第一个提出教师应当成为反思性实践者,进而在课堂教学实践中发挥专业人员的作用。他认为,习惯性思维常常使教师不加批判地接受现实法则,处在一种无问题的现实世界之中。[2] 萧恩提出用"反思性实践者"来代替以往"技术熟练者"的专家形象,美国心理学家波斯纳提出了教师成长公式:教师成长 = 经验 + 反思。教师对专业实践与专业经历的反思性理解,不仅是自我认同的内在表征,也是教师专业发展的基本路径之一。教师的反思,即教师作为主体在其专业实践中的反思活动,

---

[1] Kelchtermans, G., "CPD for Professional Renewal: Moving beyond Knowledge for Practice", In C. Day & J. Sachs (Eds.), *International Handbook on the Continuing Professional Development of Teachers*, Maidenhead: Open University Press, 2004, pp. 217 – 237.

[2] 阮成武:《主体性教师学》,安徽大学出版社,2005,第 227 页。

是教师的价值反思、身份反思、角色反思、实践反思。这种反思，是教师作为一名专业人员在具体复杂的教育情境下，通过自身的反思和探究，在理论与实践的结合点上形成丰富的实践性知识，成为一名"反思性实践者"。[①] 教师对专业实践与专业经历的反思性理解，是一个教师由经验型教师向专家型教师、由新手向专家发展的重要载体与标志。

教师对自我的合理认同以及专业的自主发展，需要教师对其专业实践与专业经历进行反思性的理解，要求教师具备一种反思性的思维。教师的反思性思维一般要具备三种因素：认知因素、批判因素和叙述因素。[②] 认知因素是指教师教学专业方面所要具备的知识类型，如内容知识、教学法知识、课程知识、学生及其特点的知识、教育背景知识、与教育学相关知识等，教师的认知因素影响着教师对专业实践的感知与理性认识；反思性思维的批判因素，关注的是教师对外部规约的批判，以及有关教师"道德与伦理方面的社会同情心和正义感"。反思性思维的叙述因素与教师的叙述有关，强调在教师对自身专业经验与经历的叙事中，生成教师的专业自我。

认同视域下教师对自我的反思性理解经历着动态的发展过程，即"自发性反思——理性反思——批判性反思——发展性反思"，这个动态过程是教师专业发展的内在轨迹。教师的反思动态过程也对教师自身的素养提出新的要求，蕴含了教师专业

---

① 阮成武：《主体性教师学》，安徽大学出版社，2005，第19页。
② Timothy G. Reagan，Charles W. Case，John W. Brubacher：《成为反思型教师》，中国轻工业出版社，2005，第32页。

自主发展的实现路径。教师对自我的反思性理解，对专业实践与专业经历的反思性理解，有以下四种基本的方式。一是随意的、碎片化的反思，主要表现为"头脑中想一想"。二是以传记的形式记录自己的专业经验与经历，然后自我分析，主要是通过"个人史"或"生活史"的叙述与描述，着重于教师的"角色认同"和"教师社会化"等。① Goodson 就认为，教师的"生活故事"应该放到更广阔的社会历史情境中去理解，从而建构其"生活史"②。三是与同事及他人的交流与对话，在对话中生成自我的反思性理解。如一组教师一起围绕目前工作的背景、当前正使用的课程、所秉承的教育理论、过去的个人和专业生活等主题写出自我描述性的文字，然后进行批判性的评论③。四是行动研究，在教学的行动研究中提升自己的专业能力，在研究中全面、理性地审视自己的专业实践，在研究中生成教师的专业自我。

1.1.4.2 语言的转向——重视教师的叙事与叙述

教师的反思不单单是对自我进行一种抽象的建构，它更强调在教师的日常教学世界中，对教师的专业经历、专业经验进行一种深度描述，在叙事与叙述的基础上，在经验与意义的基

---

① Cater, Kathy &Doyle, Walter, "Personal Narrative and Life History in Learning to Teach", In John Sikula et al. （Eds）, *Handbook of Research on Teacher Education*, 1996.

② Goodson, I. F. （Ed.）, *Studying Teachers' Lives*, London: Routledge, 1992.

③ Butt, Richard L., Raymond, Danielle, "Studying the Nature and Development of Teachers' Knowledge Using Collaborative Autobiography", *International Journal of Educational Research*, 1989, Vol. 13, No. 4, pp. 403 – 419.

础上，生成教师真正的自我。叙事与反思天然地联系到一起，共同地为教师的自主专业发展创设了一条实现路径。教师的专业实践是一个持续的过程，也是由无数个片段与经验组合而成的专业经历，教师对自我的反思性理解需要其对自己的专业经验与经历进行一种叙事的语言转向。

事实上，自我是叙事的产物，社会物质条件、话语和叙事实践交织在一起，塑造了自我及其身份属性，在叙事与叙述中我们正在展现出"我是谁"。[①] 就教师而言，叙事是教师自己的经验叙事，是教师对自己的专业经历的叙述与反思，在叙事与反思中，教师生成着真正的自我。教师的叙事要体现出个体与社会的互动，要体现出教师过去、现在和未来的持续性，进而在教师对经验与意义的叙事中，促进自身的专业发展。

康奈利和柯兰迪宁的"三维叙事探究空间"所提出的时间维度、个人与社会维度以及情境维度，为我们进行教师的叙事提供了研究的视角。在三维的叙事中，我们可以更好地叙事和反思教师过去、现在与未来，可以更好地反思教师自我与社会性因素的沟通与协商，可以更好地立足于文本与故事，在语言转向中，探索教师专业发展的新路径。具体而言，有如下的叙事策略可供我们借鉴与思考：一是康奈利和柯兰迪宁所主张的"叙事"（narrative），主张教师通过写日志、传记、构想和文献分析等方式单独进行反思，或者通过讲故事、信件交流、教师

---

① 邓金：《解释性交往行动主义——个人经历的叙事、倾听与理解》，重庆大学出版社，2004，第64页。

晤谈和参与观察等方式与人合作进行反思。[①] 二是巴特和雷蒙德所提倡的"合作的自传",即由一组教师一起围绕目前工作的背景、当前正使用的课程、所秉承的教育理论、过去的个人和专业生活等主题写出自我描述性的文字,然后进行批判性的评论。[②] 此外,教师的反思性理解有许多具体可行的策略,如教师的自传、教学日志、反思日记、教学档案袋、教育叙事、集体反思和文献阅读等。

1.1.4.3 历史向度的深度感——重视教师的专业经历

就深层的意义而言,经历是影响人生的核心力量,因此,教师的反思与叙事需要关注个体历史向度的深度感,在个人经历的故事中找寻自我。教师的自我认同内在地要求教师对其专业经历进行一种深度描述。但在教师的专业实践中,这些往往被人忽视。单从表面价值来看,基于专业经历、自传故事是令人怀疑的,很容易被扭曲,还具有以偏概全的危险。但是当自传被反思性地分析与批判,并和同事经历的反思、学生感受的反思和正规理论的反思结合起来时,它就充分显现出对教师专业发展的意义与重要性。

教师的专业经历是教师自我与一系列有意义、重要的个人专业经历联系起来的叙事。教师的专业经历不局限于个人的,

---

① Connelly, F. Michel, Clandinin, D. Jean, Teachers as Curriculum Planners, *OISE Press&Teachers College Press*, 1988.

② Butt, Richard L., Raymond, Danielle, "Studying the Nature and Development of Teachers' Knowledge Using Collaborative Autobiography", *International Journal of Educational Research*, 1989, Vol. 13, No. 4, pp. 403 – 419.

它可以是其他教师的。教师的专业经历既包括教师本人讲述的自己的专业经历，也可以是其他人经历的专业经验。教师的专业经历可以是那些对个体有重大影响的经历，也可以是那些比较琐碎但时刻影响着自己生活的经历，还可以是与同事或其他人交流后的"心灵体验"等。教师的专业经历既是自己亲身参与其中的经历，也可以是自己对他人经历的一种诠释与理解。教师的专业经历既包括教师的专业经验、专业训练等，也包括教师的上学经历和个人生活经验。在这样一些专业经历中，教师个体反思性地生成着专业自我，这对于教师的专业发展而言具有更深层的意义和作用。因此，在教师的专业发展中，我们要重视专业生涯的时间跨度，要重视教师专业经历中的内在深度感。对教师专业经历的叙事与反思则非常强调深度描述，而深度描述既是传记性的，也是交往性的，它所描绘的特定交往经历均包含在自我故事和个人经历故事之中。[①] 如何在深度描述中，在对专业经历的叙事与反思中，促进专业发展，也是教师自我认同的重要任务与内容。

1.1.4.4　碎片中的整体性——重视教师的专业经验

叙事是理解经验的方法，反思是经验升华的途径，而经验则是教师专业发展的重要内容。在一定意义上，教师的专业发展是以叙事与反思方式所蕴含的教育经验的意义重构。教师的专业经验既是个人的，也是社会的，既来源于过去与当下的经验，也指向未来新经验的生成。然而，教师的专业经验是琐碎

---

① 丁刚：《声音与经验：教育叙事研究》，教育科学出版社，2008，第80页。

的，甚至是相当感性的，这就为教师专业经验的改组与改造带来了相当大的难度。拥有大量日常教学经验的教师，为什么会出现专业水平上的差异，为什么展现出不同的专业发展态势，这或许与教师叙事与反思的能力与水平有很大关系。

教师自我的合理认同，需要教师回归到日常的教学生活世界，需要教师回到日常的经验世界，通过叙事与反思，在自身专业发展的过程中，实现真正的专业自我。专业发展视域下教师自我的合理认同，要求教师通过对经验的叙述，在反思性理解的基础上，呈现教师专业经验的意义。同时，教师的专业发展还要重视教师碎片的、片段的教育经验，这些经验往往真切地影响着教师的专业实践，教师要在叙事与反思的基础上，重新整合与改造教师的经验世界，这也是教师专业发展的内在要求。

1.2 研究边界与逻辑主线

1.2.1 研究范畴与边界

自我认同不仅是一个心理学的研究范畴，还涉及哲学、社会学与人类学等研究领域。社会心理学的研究更多地关注个体的人格同一性，强调意义感、身份感与归属感等方面的主观体验，注重自我认同的确定性与测量性。社会学的研究则往往更加重视人的社会性自我，注重社会性因素对自我建构的影响，强调个体的身份规约与角色期待和自我认同的双向互动。此外，后现代主义认为只有在自我叙述、反思过程中才能形成人的自我认同，它们强调自我认同的语言建构。本书试图通过对教师专业发展中自我认同的相关研究，在哲学、社会学、心理学等相关理论的支撑下，探讨教师专业发展中的自我认同以及相伴而生的认同危机，进而探讨教师专业发展中合理认同的内涵与规律，并在合理认同视域下探讨教师专业发展的实现路径。因此，本书所关涉的研究并未限定于某一学科领域，而是试图尝试对教师专业发展中自我认同这一热点问题进行多领域、多维度的交叉研究，以期丰富教师教育的研究内容，深化对教师专业发展的认识与思考。

自我认同的话语是一个奇怪的现象，它是一个蕴含丰富的复杂性概念，在日常生活中运用非常广泛。因此，对于自我认同的研究极为容易产生概念的游走与泛化，我们必须要对教师自我认同的研究进行边界的划定。"自我认同并不是个体所拥有的特质，或一种特质的组合。它是个人依据其经历所形成的作为反思性理解的自我"。[①] 我们所谈论的自我认同涉及四个范畴[②]：首先，对自我的理解，对"我是谁"和"我们是谁"的主体性叩问，其核心是自我的价值认同、身份认同与角色认同等；其次，我们需要重视某种据此使我们的生活有意义的叙述，在叙述中实现自我的确认，重视语言的叙事与反思；再次，自我认同是对自我道德根源的追寻，是对"善"的终极关怀；最后，自我认同的社会范畴，即是对人的社会性，或者是对社会

---

① 安东尼·吉登斯：《现代性与自我认同——现代晚期的自我与社会》，生活·读书·新知三联书店，1998，第58页。

② 查尔斯·泰勒：《自我的根源：现代认同的形成》，译林出版社，2006，第159页。

性自我的一种反思性确认。

教师专业发展中的自我认同是一种自我深度感和向内感，是一种内在性认同，是教师依据个人专业经历所形成的作为反思性理解的自我，主要集中于教师主体性的研究，强调教师对专业发展内涵的合理辨识与主动建构，强调教师对自身的专业价值、身份与角色等的合理辨识与主动建构，强调教师对专业经历与专业经验进行深度叙述与反思性理解。本研究并未采用心理学的研究方法，而是试图在多领域的交叉研究中，把握教师专业发展中自我认同与认同危机的现象与规律，集中探讨教师专业发展中的自我认同、认同危机及合理认同，并在合理认同视域下集中探讨教师专业发展的实现路径及策略等。研究边界划定的标准值得商榷，但本书试图集中探讨教师专业价值、身份与角色的自我认同与认同危机，以及由此引发的一系列对教师专业发展的影响，尤其重视教师专业发展中的语言转向与对话协商。

1.2.2 研究的逻辑主线

教师专业发展的主体性问题、目标问题、动力问题与实现路径问题都关涉教师的自我认同，而自我认同的合理与否直接影响到教师的专业实践与专业发展。因此，我们需要对教师专业发展中的自我认同问题进行多层面的透视，以便把握其表象及内在特征。认同与认同危机是一个问题的两种状态，合理认同是对危机最好的化解，因此，在对教师专业发展中自我认同进行多层面透视的基础上，在归纳、分析与反思教师专业发展中诸多认同危机的基础上，我们谋求教师专业发展中的合理认同，并在合理认同的视域下集中探讨教师专业发展的实现路径。

　　事实上，教师专业发展中的自我认同与认同危机最终需要导向合理的认同，在合理认同视域下，教师的专业发展也有其内在的实现路径。应该说，教师专业发展中的自我认同最终要谋求一种合理认同，只有合理的自我认同才能更好地促进教师的专业发展。同时，教师专业发展中的认同危机不可避免，危机的化解也内在需要教师专业发展中的合理认同；而且，教师专业发展中的合理认同不是自顾自地自我认同，而是在合规律性与合目的性的关系中，帮助教师实现"自我"的合理辨识，帮助教师在叙述与反思中找寻到"自我"的家园，从而更好地促进教师的专业发展。因此，我们需要在合理认同的视域下探讨教师专业发展的实现路径问题，需要注重教师专业发展中"自我"的觉醒与生成，重视叙述与反思的语言转向，重视教师专业发展中的对话与协商，以及教师自我的积极调适与相关心理机制的培育。

1.3　研究的意义

1.3.1　理论意义

1.3.1.1　教育学研究的延伸，具有一定的学理价值

　　教师一直是教育学科重要的研究对象，几乎所有教育学原理方面的著作都会涉及对教师的相关研究与探讨。教育学一般是把教师作为教育活动或过程的一个要素，进而考察教师在教

育过程和社会发展中的意义与作用、职责与职能、职业特点、素质与修养，以及师生关系的建立等。① 尤其是随着教师学的兴起，教师研究的广度与深度也不断深化。如何完善教师的专业实践，提升教师的专业生活质量、促进教师的专业自主发展成为教师研究的热点和难点问题。探讨教师的专业实践与专业发展，需要我们重视教师专业发展的主体性问题、动力问题、目标问题及发展路径问题，这就涉及教师专业发展中的自我认同问题，涉及本文研究的初衷。对于这些问题的进一步研究与思考，能在一定程度上完善和深化教师教育的研究，丰富教师教育的相关理论体系。对这一话题的研究与探讨，能够为基础教育领域内的教师教育与教育学研究提供一种理论上的丰富与创新。

1.3.1.2 教育社会学研究的介入，具有一定的应用价值

教师作为研究对象，是教育社会学重要的组成部分。教育社会学对于教师的研究，有的是将教师作为一个相对独立的对象，形成教师的社会学研究，甚至形成"教师社会学"的研究学科；有的是把教师作为教育系统中的基本角色，或者是把教师作为教育活动的基本主体，对教师角色、教师地位、教师形象、教师职业、教师养成、教师与学生的关系等一系列问题进行一种社会学考察。② 教育社会学关于教师专业的研究，主要是借助社会学关于专业与专业标准的有关理论和分析框架，对教

---

① 阮成武：《主体性教师学》，安徽大学出版社，2005，第6页。
② 同上，第9页。

师专业性质进行分析和判断，并揭示教师专业的自身特点，从而提出教师专业发展的策略与途径。同时，关于教师的社会学研究，注重从教师专业生涯与专业发展的过程中揭示教师专业发展的阶段、特点与影响因素。本研究也大量地借助教育社会学已有的研究成果来形成自己的基本命题与研究思路。教师专业发展中的自我认同离不开对教师专业价值、身份与角色等一系列问题的社会学考察。

认同与认同危机是社会学研究的重要组成部分，已形成了相当丰富的知识体系和研究领域。但是，关于教师认同的研究，则是近二十年的事，就其研究的程度而言，并不十分乐观。教师自我认同的意义、内涵、特征、规律与途径等问题仍需进一步深化研究。因此，全面探讨教师专业发展中的自我认同、认同危机与合理认同，既是对教育社会学研究的一种深化，也具有较强的现实性与应用性。本人亦是抱着初生牛犊之勇与尽力而为之心，试图在教育社会学的研究领域中，进一步来反思与建构有关教师专业发展中自我认同的相关知识结构与理论体系。

1.3.1.3　对教师教育热点问题的探讨，具有一定的现实意义

当前教师教育需要回答以下四大问题：第一，教师是什么？我们需要什么样的教师？这是学科知识体系的灵魂与出发点；第二，教师如何培养？怎样培养合格优质的教师？这是学科知识体系的主体，包括教师教育课程研究、教师教育教学研究、教师教育评价研究等；第三，教师由谁培养？如何实现教师教育者的专业发展？第四，教师教育需要哪些社会条件？如何为教师教育提供必要的保障机制？本研究所探讨的教师专业发展

中的自我认同，以及教师自我的认同危机与合理认同，在不同程度上都涉及上述的四个问题。尤其是第一、第三和第四个问题，其涉及教师专业发展的主体性问题、目标问题、动力问题及实现路径问题，涉及教师专业价值、身份与角色等方面的自我认同与合理认同问题。本文探讨的中心线索就是教师专业发展中的自我认同、认同危机与合理认同，进而在合理认同的视域下，探讨教师专业发展的实现路径。因此，本研究是对当下教师教育热点问题的现实回应与意义探寻。诸如，教师自我的价值认同就是对"教师是谁"和"教师应为何"的主体性价值叩问；教师自我的身份认同与角色认同就是对"我们需要什么样的教师"的现实追问。

1.3.2 现实意义

1.3.2.1 对教师专业价值、身份与角色等的合理辨识与主动建构，能够促进教师的专业发展

教师的专业发展是教师"专业化"的内在要求，而教师专业发展的主体性问题、目标问题、动力问题及实现路径问题都是教师教育的关键性问题。教师专业发展中的自我认同主要关涉教师的专业价值、专业身份与专业角色，关涉教师的专业发展周期与专业生涯，关涉教师专业发展的目标系统及其职业锚。因此，全面探讨教师专业发展中的专业价值、身份与角色等的自我认同，进而谋其合理认同，能够促进教师的主体性专业发展，有利于教师合理建构"理想的我"、合理定位"现实的我"，从而合理地规划其专业发展的目标

系统。教师专业价值、身份与角色的自我认同，不是单纯的抽象思辨，它更加注重在教师日常的教学生活世界中，在教师片断化的专业经验中，通过有效的叙述与反思，实现合理的辨识与建构。尤为重要的是，通过上述的研究，能够较为深入地探析教师专业发展的目标与动力，能够较为理性地审视教师专业的生存样态，这对于教师的专业发展而言，具有较强的指向性与现实意义。

1.3.2.2 对教师专业发展中自我认同的多层面透视，能够促进其专业生涯管理

教师专业发展中的自我认同是教师在其专业实践中，依据其专业经历所形成的反思性理解的自我，是教师对专业发展内涵的主动辨识与建构生成，强调教师专业价值、身份与角色等的主动辨识与建构生成，它内在地关注教师的反思性自我，关注教师对其专业经历的反思与规划。因此，我们可以借鉴"自我更新"教师专业发展理论的阶段划分以及职业锚的相关理论，分别探讨教师专业发展中自我认同在"非关注"、"虚拟关注"、"生存关注"、"任务关注"及"自我更新关注"五个阶段的特性，从而在动态的过程中把握教师专业发展中的自我认同。分析教师专业发展不同阶段自我认同的诸多影响，能够更好地促进教师的专业发展，促进其专业生涯的有效管理。此外，以自我认同的合理性与教师的主观态度为横纵坐标轴，把教师专业发展中的自我认同分为四类，即积极的合理认同、消极的合理认同、消极的不合理认同和积极的不合理认同。教师专业发展中自我认同的这四种样态影响着教师的专业实践与专

业发展。上述方面的探讨与分析，在一定程度上，有利于促进教师合理地规划或导引其专业发展生涯，有利于帮助教师实现较为成功的专业生涯，从而提升教师专业发展的质量与效果。

1.3.2.3 认同危机的化解与合理认同的实现，能够有效地促进教师的专业发展

教师专业发展中的认同危机表现为教师的价值认同危机与自我意义感的丧失，表现为教师自我身份感的困惑与归属感的缺失，表现为教师专业角色的冲突与困惑。伴随着教师自我价值、身份与角色的认同危机，教师愈来愈缺乏对自我的审视与反思，处于"失语"状态的教师往往更容易产生焦虑的心态，往往更容易产生对教学本身的倦怠，从而影响到教学的热情与教学的效果。最为重要的是，伴随着价值认同危机、身份与角色认同危机，以及教师"自我的失音"和"焦虑与倦怠"，教师的创造性也日益耗竭，教师的道德框架也陷入分裂的状态，甚至产生了对教育本身的信仰危机。这些危机的产生真切地影响着教师的专业实践与专业发展。因此，通过对教师专业发展中自我认同危机的梳理与探讨，我们可以帮助教师理性地思考自我的认同危机，合理地化解自我的认同危机，可以帮助教师在合规律性与合目的性的关系中，在不同的情境中，实现"自我"的合理辨识，帮助教师在叙述与反思中找寻到"自我"的家园，帮助教师在合理认同的过程中实现自身的专业发展。这些对于教师职业倦怠的化解、工作满意度的提高以及创造性的激发都具有相当的研究价值与现实意义。

1.3.2.4 专业发展中的合理认同有利于社会与学校等与教师自我的对话与协商

真正的"他者"是另一个自我，真正的"他者"是一面镜子。自我是从"他者"视角的位置上逐渐看清了自己。自我与真正的"他者"相互塑造、互为影响，共同分享一段历史。教师专业发展中的合理认同是教师自我与真正"他者"之间的相互协商与塑造，它们共同分享一段历史，共同造就了教师的专业实践与专业发展。教师自我的合理认同并非朝圣式地符应客观标准，而是旅行式的——经由与所处社会关系中的人互动、磋商，而建构自己作为教师的专业内涵。① 教师自我的合理认同需要实现"自我"与"他者"的对话与协商。"他者"需要合理认同教师的专业价值、身份、角色等，教师"自我"需要反思理解"他者"的因素，并在自我的专业实践中实现自身的价值与发展。因此，对教师专业发展的进一步研究，需要我们关注与探讨教师外部空间的社会性因素与教师内部的主体性因素的有机结合，需要我们重视教师自我与"他者"的对话与协商，这对于教师专业发展以及教师教育具有一定的现实意义与研究价值。

1.3.2.5 专业发展中的合理认同，蕴含着教师反思性的专业发展路径

教师对专业实践与专业经历的反思性理解，不仅是自我认

---

① 周淑卿：《课程发展与教师专业》，甘肃文化出版社，2005，第 77 页。

同的内在表征，也是教师专业发展的基本路径之一。教师的反思，即教师作为主体在其专业实践中的反思活动，是教师的价值反思、身份反思、角色反思与实践反思等。教师专业发展中的自我认同与合理认同，内在地需要教师对其专业实践与专业经历进行反思性的理解，要求教师具备一种反思性的思维。教师的反思不单单是对自我进行一种抽象的建构，它更强调在教师的日常教学世界中，对教师的专业经历、专业经验进行一种深度描述，在叙事与叙述的基础上，在经验与意义的基础上，生成教师真正的自我。叙事本身蕴含了反思的特质，而反思性理解需要叙事的语言转向，叙事与反思天然地联系到一起，共同为教师的专业发展创设了实现路径。教师专业发展中的合理认同就是对教师有限的生活历程与专业经历，以及自身的经验系统的一种深度描述与反思性理解。教师通过对生活历程与专业经历的叙述，规划着自身专业发展的目标系统。教师通过对来源于专业实践的教育经验的叙事与叙述，反思性地提升自身的专业能力与素养。

1.4 研究路线与研究方法

1.4.1 研究路线

本文研究的问题域是教师的自我认同与专业发展，在多维视角下以自我认同为切入点集中探讨教师专业发展的主体性问题、目标问题、动力问题及实现路径问题。本研究的主线是在教师专业发展的过程中，较为全面地探讨"教师专业的自我认

同——教师自我认同的危机——教师自我的合理认同及其实现
路径"。

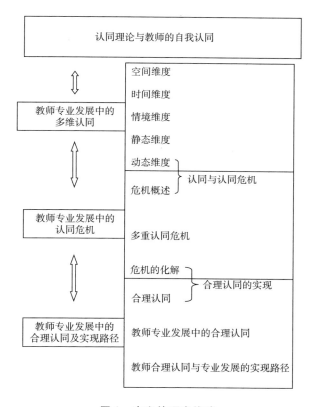

图 1 本文的研究线路

如"研究线路图"所示，在专业发展的过程中，教师的自
我认同需要在一种多维的视域下才能透视出其对教师专业发展
的意义，我们可以从空间、时间、情境、静态与动态五个维度
探讨教师的自我认同。教师的自我认同在一种动态的过程中充
满了危机，诸多的认同危机深刻地影响着教师的专业实践与专
业发展，因此，我们需要谋求一种合理的自我认同。教师自我
的合理认同既是理论上的一种思辨，也是对教师专业实践与专

业发展的一种积极探索。教师自我的合理认同是教师自我认同合规律性与合目的性的统一，是理性与非理性属性的妥善结合。教师自我的合理认同需要恢复或保持教师自我认同的关键性成分与核心特征，即同一性与差异性、连续性与阶段性、整合性与碎片性、内敛性与外散性。教师的合理认同特别强调"自我"与"他者"的关系协商，特别强调教师自我的"叙述"与"反思"。教师自我的合理认同与专业发展有其实现的路径线索：在专业发展的过程中，教师需要注重"自我"的觉醒与主体意识，重视在叙述中进行反思，重视与他者的交往与协商，重视在确立职业锚的基础上规划自我，重视自我的调适与相关心理机制的培育。

1.4.2 研究的方法

哲学、社会学、教育学及教育社会学等学科的有关理论为本研究的开展提供了坚实的基础与后盾。本研究特别重视对相关学科理论与知识体系的借鉴与思考，在教师专业发展中自我认同这一问题域上，特别重视相关的理论研究，依托相关学科深厚的理论研究基础，试图有一些新的思考与见解，关于教师自我认同的相关研究就大量地借鉴了哲学与社会学领域的研究成果。

本文的文献研究主要侧重于收集整理并分析相关领域的研究成果，尤其是国内外研究的最新成果。通过对文献的研究，掌握理论研究的动态，进而对教师专业发展中自我认同这一主题进行文献综述。具体而言，本文特别关注国内外的认同理论、自我认同理论、认同危机问题、教师自我认同以及教师专业发展的研究成果与相关动态等，注重收集相关的资料，具体包括经典著作（哲学、社会学和教育学等方面）、相关的课题研究资料与期刊资料，在归纳整理文献资料的同时，注重从中发现研究的路径与创新点。

作为一种具有普遍性的研究课题，我们需要具有比较研究的基础与视野，需要对国内外的认同理论、专业发展理论进行比较分析，在比较的基础上，为教师专业发展中的自我认同、认同危机与合理认同的相关研究提供广阔的研究背景与参照系。在研究的过程中，注重对不同学派的认同理论进行比较分析，注重不同发展阶段教师自我认同的比较分析。

1.5　相关研究综述

1.5.1　教师专业发展的相关研究综述

1.5.1.1　关于教师专业发展的内涵

国内外对教师专业发展的理解多种多样，但归纳起来主要有三类：第一类是指教师的专业成长过程；第二类是促进教师专业成长的过程（教师教育）；第三类认为以上两种含义兼而有之。我国学者倾向于把教师专业发展理解为教师的专业成长或教师内在专业结构不断更新演进和丰富的过程。[①] 具体而言，Hargreaves 和 Fullan 指出，教师发展可以从知识与技能的发展、

---

① 叶澜、白益民、王枬、陶志琼：《教师角色与教师发展新探》，教育科学出版社，2001，第 222～224 页。

自我理解和生态改变三个方面来理解。[①] Evans 提出教师发展最基本的是态度上和功能上的发展。前者是教师在态度上的改善过程，后者是专业表现改善的过程。其中态度上的发展包含智识性发展和动机性发展；功能上的发展体现为程序性发展和生产性发展。[②] Hargreaves 认为，教师专业发展不仅应包括知识、技能等技术性维度，还应该广泛考虑道德、政治和情感的维度。[③] 还有学者把教师专业发展理解为教师不断成长、接受新知识、提高专业能力的过程，它包含教师在生涯过程中提升其工作能力的所有活动。在这一过程中，教师通过不断的学习、反思和探究来拓宽其专业内涵、提高其专业水平，从而达至专业成熟的境界。

依据我国学者的理解，教师专业发展从教师专业结构来看，涉及观念、知识、能力、专业态度和动机、自我专业发展需要意识等不同侧面。教师专业发展的具体内容包括专业理想的建立、专业知识的拓展、专业能力的发展和专业自我（Professional Self）的形成。[④] 国内学者对于教师专业发展有两种理解，即"教师专业"的发展与教师的"专业发展"。前者指教师职业与教师教育形态的历史演变，后者则强调教师由非专业人员转变

① Hargreaves, A., Fullan, M. (Eds.), *Understanding Teacher Development*, London: Cassell; New York, N. Y.: Teachers College Press, 1992.

② Evans, L., "What is Teacher Development?", *Oxford Review of Education*, 2002, 28 (1), pp. 123 – 137.

③ Hargreaves, A., "Development and Desire: a Postmodern Perspective", In R. Guskey & M. Huberman (Eds.), *Professional Development in Education: New Paradigms and Practices*, 1995, pp. 9 – 34.

④ 全国十二所重点师范大学：《教育学基础》，教育科学出版社，2002，第 118 页。

为专业人员的过程。两种不同的理解体现了两种不同的思路和研究视角：前者侧重外在的、涉及制度和体系的、旨在推进教师成长和职业成熟的教育与培训发展研究；后者侧重理论的、立足教师内在专业素质结构及职业专门化规范和意识的养成与完善的研究。从已有的研究视角及研究成果来看，大部分集中在后者，也就是说，我国学术界把教师专业发展这一概念更多地理解为教师专业素质及专业化程度提高，特别重视教师专业发展的自主与自觉意识。

1.5.1.2　关于教师专业自主发展及动力问题

近年来，人们对教师专业发展自主意识方面的研究，主要围绕教师拥有专业自主的重要性和必要性来展开，或者是侧重于对当前教师专业权力缺乏的现状及成因分析。诸如，"教师自主发展"（主体性发展）、"教师自我更新取向"（内在自我更新激励）、"教师专业发展需求"等，由此产生"教师专业主体意识"、"教师自我教育意识"、"教师专业发展自主意识"、"教师个人专业自主意识"及"教师自我（或自主）专业发展意识"……上述概念都强调自主意识是教师专业发展的原动力（内驱力），它们有以下一些共性：把自身的发展当做自己认识的对象和自觉实践的对象；不断自我反省和反思，以批判的态度面对、审视自我和现实；独立于外在的压力，订立适合自己的专业发展目标和计划；有意愿和能力将所订目标和计划付诸实施；选择自己需要的学习内容和方式；自觉地实行自我发展管理；不断超越自我、提升自我、完善自我（追求新的自我、新的世界）；等等。

事实上，现代专业主义把教师专业发展视为外在的要求，教师在国家和学校的制度要求下被动地进行发展。后现代专业主义对这种"外铄论"① 进行了批判，提出"内在发展"思想："发展越来越被看成是一种唤醒的过程，一个激发社会大多数成员创造力的过程，一个释放社会大多数成员个体作用的过程……因此教师发展的本质是发展的自主性，是教师作为主体自觉、主动、能动、可持续的建构过程"。② 这种教师专业发展理论的"后现代转向"③ 体现出教师专业发展的自主发展、叙事研究、关怀情意、个体知识等趋势。"自主发展"、"自主专业发展"、"自我专业发展"、"专业自我"及"自我更新教师"已经成为后现代教师专业发展研究中的重要命题，由此逐渐形成"后现代教师自主专业发展理论"。该理论提出，自主专业发展是教师专业发展的新内涵④，自主专业发展意识激起、自主专业发展能力提升、教师自主专业发展的外在关怀是教师自主专业发展的主要特征；教师自我专业发展的核心因素是自主意识和自主能力⑤，教师专业发展过程也是教师的专业自我形成的过

---

① 姜勇：《论教师专业发展的后现代化转向》，《比较教育研究》2005 年第 11 期。

② Bullouih R. V., Kauchak D. P., Crow N., Stokes D. K., "Professional Development Schools Catalysts for Teacher and School Change", *Teaching and Teacher Education*, 1997, pp. 153 – 169.

③ 姜勇：《论教师专业发展的后现代化转向》，《比较教育研究》2005 年第 11 期。

④ 周密：《教师自主专业发展问题探索》，《青海社会科学》2004 年第 5 期。

⑤ 宋宏福、方成智：《论教师自我专业发展的有效途径》，《湖南师范大学教育科学学报》2003 年第 6 期。

程。① 这些研究为教师专业发展中的自我认同问题提供了丰富的理论滋养，教师发展中的自我认同与教师主体性的专业发展休戚相关。

Grundy 和 Robinson 提出，教师专业发展有两个推动力：一个是来自系统的推动力，包括学校和社会等因素的影响；另一个是个体自身的推动力，受到教师生涯发展阶段和生活经验的影响。② 国家对教师专业发展的影响主要表现为制定各种教师和教学的标准与规定。当前，教师专业发展的策略主要包括：以标准为导向的策略，其目的是为教师的专业表现确立目标；以学校为本的策略，关注教学实践发生的学校和社群层面的变革；以发展为导向的策略，关注个体教师的能力发展与学习需求。这三种策略共同支持或促进了教师的学习与发展。③ Kelchter-mans 认为，虽然教师专业发展是一个高度个体化的学习过程，但它不是在真空中发生的，而是个体教师与情境交互作用的结果，这种情境可以从空间维度来考虑。教师专业发展的空间情境是指教师工作于其中的社会、组织和文化环境。教师工作情境由不同层面构成。例如，教师与同事、家长、校长等人员形成的多重社会交往；学校中特有的文化，包括规范、价值、习

---

① 施秋奕、张肖琴：《教师的专业自我与教师专业发展》，《浙江教育学报》2004 年第 3 期。

② Grundy, S. & Robinson, J., "Teacher Professional Development: Themes and Trends in the Recent Australian Experience", in C. Day & J. Sachs (Eds.), *International Handbook on the Continuing Professional Development of Teachers*, Maidenhead: Open University Press, 2004, pp. 146 – 166.

③ Lieberman, A. & McLaughlin, M., "Professional Development in the United States: Policies and Practices", *Prospects*, 2000, 30 (2), pp. 225 – 236.

惯与传统等；学校政治与组织架构；等等。因此，对教师发展有影响的工作情境不能视为单一线性的因果性影响，而是一个充满阐释与意义的相互交往的过程，通过意义建构的过程进行调控。①

1.5.1.3 关于教师专业发展的取向及途径问题

Grundy 和 Robinson 认为，教师专业发展有三个基本目的与功能：①拓展，即指教师在原有认知基础上引介和增加新的知识与技能；②更新，即指用最新成果取代过时的内容，是对原有知识与实践的转换与变革；③成长，即指教师专业知识与技能程度的提升。他们认为，专业发展是教师专业生涯的内在组成部分，教师知识技能与判断力的不断拓展、更新和成长有助于改进教学实践。② Day 和 Sachs 提出，教师专业发展的基本功能包括三个方面：通过改进实践促进教育政策的推行；通过改善教师表现提高学生的学习成就；提升教学专业的身份与地位。③ 伊劳特根据各种教师专业发展的不同取向，将教师专业发

---

① Kelchtermans, G., "CPD for Professional Renewal: Moving beyond Knowledge for Practice", In C. Day & J. Sachs (Eds.), *International Handbook on the Continuing Professional Development of Teachers*, Maidenhead: Open University Press, 2004, pp. 217 – 237.

② Grundy, S., Robinson, J., "Teacher Professional Development: Themes and Trends in the Recent Australian Experience", In C. Day & J. Sachs (Eds.), *International Handbook on the Continuing Professional Development of Teachers*, Maidenhead: Open University Press, 2004, pp. 146 – 166.

③ Day, C. & Sachs, J., "Professionalism, Performativity and Empowerment: Discourses in the Politics, Policies and Purposes of Continuing Professional Development", In C. Day & J. Sachs (Eds.), *International Handbook on the Continuing Professional Development of Teachers*, Maidenhead: Open University Press, 2004, pp. 3 – 32.

展分为四类[①]:"补短"取向("defect"approach)、成长取向（growth approach）、变革取向（change approach）、问题解决取向（problem-solving approach）；我国学者王建军将教师专业发展分为：理智取向、实践—反思取向和生态取向。霍姆斯小组的报告就体现了教师专业发展理智取向的基本观点，"提高教师专业水准的重点，乃是明确教师专业的知识基础，使教师拥有更为坚实的理智基础"。[②] 教师专业发展的实践—反思取向有两个层面的特点：一是对"实践"的关注，强调"实践"本身所包含的丰富内涵；二是对"反思"的关注，强调"反思"对教师专业发展的意义。教师专业发展的实践—反思取向试图将教师生活的"个人的方面"与"专业的方面"融为一体，通过多种形式的"反思"，促进教师对于自己、自己的专业活动的"理解"，发现其中的"意义"，以促成"反思性实践"。[③] 这就涉及教师专业发展中自我认同所蕴含的专业发展路径，即叙事与反思的语言转向。

Kelchtermans 提出的教师专业发展的时间情境由教师个人生活经历和教学生涯构成。教师在某一时段的学习有其先前的经历，也有其对未来的期望。过去、当下和未来构成了教师的工作时间。不少学者通过叙事—传记的方法对教师经验进行记述、对教师专业生活和教师生涯阶段进行了大量研究。这些研

[①] Eraut, M., "Inservice Teacher Education", In Michale J. Dunkin (Ed.), *The International Encyclopedia of Teaching and Teacher Education*, Oxford : Pergamon Press, 1986, pp. 730 – 743.

[②] Holmes Group, "Tomorrow's Teacher : a Report of the Holmes Group", *Holmes Group*, 1986, p. 4.

[③] 王建军：《课程改革与教师专业发展》，四川教育出版社，2004，第 80 页。

究展现的不只是一系列事件的时间线索，而是有意义的叙事建构；通过反思，教师将其体验建构为有意义的故事，同时也不断地建立和再建立教师身份及教学理论。[①] 这些研究反映了教师对自身专业经历的一种反思性理解，也涉及教师的自我认同。

关于教师专业发展阶段的划分，目前大致可归为五类：职业/生命周期标准及其框架、心理发展标准及其框架、教师社会化标准及其框架、"关注"标准及其框架和综合标准及其框架。[②] 我国学者侧重于教师社会化标准的研究，即从教师作为社会人的角度，考察其成为一名专业教师的变化历程。受 Lacey 观点的直接影响，王秋绒把教师专业化过程分为师范生、实习教师和合格教师三个阶段来考察，并把每一个阶段分为三个时期，它们分别是探索适应期、稳定成长期、成熟发展期；蜜月期、危机期、动荡期；新生期、平淡期、厌倦期。[③] 傅道春将教师的职业成熟分为角色转变期、开始适应期和成长期三个时期；吴康宁将教师专业化过程分为预期专业社会化与继续专业社会化两个阶段；张向东则把高中教师的成长归为角色适应、主动发展、最佳创造、缓慢下降和后期衰退五个阶段。白益民把教师的自我专业发展意识作为考察教师专业阶段发

---

① Kelchtermans, G., "CPD for Professional Renewal: Moving beyond Knowledge for Practice", In C. Day & J. Sachs (Eds.), *International Handbook on the Continuing Professional Development of Teachers*, Maidenhead: Open University Press, 2004, pp. 217 - 237.

② 叶澜、白益民、王枬、陶志琼：《教师角色与教师发展新探》，教育科学出版社，2001，第243~264页。

③ 王秋绒：《教育专业社会化理论在教育实习设计上的蕴义》，师大书苑有限公司，1991。

展的综合标准。他认为，教师的自我专业发展意识是影响教师专业发展的重要因素，具有较强自我专业发展意识的教师关注自己的专业发展，对自己的专业发展负责。由此提出"自我更新"取向教师专业发展模式，将教师专业发展过程分为五个阶段："非关注"、"虚拟关注"、"生存关注"、"任务关注"及"自我更新关注"阶段。"自我更新"取向教师专业发展理论，与教师专业发展中自我认同的内涵不谋而合，为我们从多侧面透视教师专业发展中的自我认同提供了理论支撑与实践参照。

总而言之，针对如何不断地促进教师的专业发展，如何通过促成教师专业自觉水平及专业知识与技能的增长，最终实现教师对专业发展内涵的合理辨识与主动建构，教育理论界和实践界都进行了很多探索和尝试。但是，教师专业发展的取向、目标、动力与途径问题仍需进一步深入探讨，它是决定教师专业发展的导向性问题和基础性问题，而这些问题都关涉教师专业发展中的自我认同问题。教师专业发展已有的相关研究成果，为本书的学理探讨及理论分析发挥了重要的指导与支撑作用。

1.5.2 教师认同与教师自我认同的相关研究综述

近十年国内外普遍重视对教师认同的相关研究，目前国内尚未有关于教师自我认同的专著，涉及的学位论文与学术文章仍然不是很多，同时，国外有些论著引入的范围与程度也都不是很理想。这也从另一个层面说明我们进行教师自我认同的研究具有一定的学术价值与现实意义。结合其他学科领域内的自我认同研究，当前教师自我认同的相关研究呈现以下特征与趋势①。

1.5.2.1 教师认同与教师形象、角色与人格等密切相关

Dworet 认为，教师认同是教师对自己作为教师的整体看法②；Knowles 认为，教师认同是"教师个人对他/她自己成为一个教师的想法；也就是他们对自己身为教师的意象"（image）③；与 Knowles 相似，Nias 等人认为，教师认同是教师的自我概念或意象，这些自我概念或意象强烈地影响着教师教学的方式、专业发展的方式及其对教育改革的态度④；Michalinos 则将"教师认同"与"教师自我（teacher – self）"、"教师个性（teacher individuality）"等视为一组类似的概念。⑤ 我国学者在了解新课程背景所倡导的教师角色的基础上，通过对教师职业角色认同状况的调查和分析，揭示目前上海中小学教师角色认同的状况，从理念和现实操作层面对教师职业角色认同的特点、教师职业角色认同的人口统计变量差异、教师职业角色认同与心理健康

---

① 沈之菲：《近十年西方教师认同问题研究及启示》，《上海教育科研》2005 年第 11 期。

② Dworet Don, "Teachers' Identities Overview", Michael Komp W. Richard Bond, Don Dworet& R. Terrance Boak (eds.), *Changing Research and Practice Teachers' Professionalism Identities and Knowledge*, London：Famer Press, 1996, p. 67.

③ Knowles, J. G., "Models for Understanding Preservice and Beginning Teachers' Biographies：Illustrations from Case Studies", Goodson (Ed.), *Studying Teachers' Lives*, Columbia University, NY：Teachers College Press, 1992, p. 99.

④ Nias J., "Teaching and the Self", M. L. Holly, C. S. McLoughlin (Eds.), *Perspective on Teacher Professional Development*, London：Falmer Press, 1989, pp. 151 – 171.

⑤ Michalinos Zembylas, "Interrogating 'Teacher Identity'：Emotion, Resistance, and Self – formation", *Educational Theory*, 2003, 53 (1), p. 107.

的关系等方面进行细化研究。[①] 事实上，基于以上研究成果或结论，我们需要重视对教师形象、角色与人格等的心理学方面的相关研究。

1.5.2.2 教师的自我认同与社会情境密切相关

Coldron 和 Smith 认为教师认同不是固定的或是单一的，它不是一个实体，是对自己与他人或环境的意识过程，与社会空间、传统、传记、社会结构、中介、行为定向都有关；[②] Samuel 和 Stephens 认为是由关系到自我形成的生活事件中一系列竞争和有些矛盾的价值、行为和态度所"预设"和接受的，与文化情境、专业环境等有关。[③]

1.5.2.3 教师的自我认同没有确切定义，只是在自我叙述、反思过程中不断被重新定义的

Sugrue 认为教师认同类似于"叙述"，它不是对所有教师都有同样的特征，而是开放的、不断被重新定义的，和教师的教学形象、传记有关。[④] Antonek、McCormick 和 Donato 认为，教师

---

① 沈之菲：《新课程背景下上海市中小学教师职业角色认同的研究》，华东师大硕士学位论文，2004。

② Goldron, J., Smith, R., "Active Location in Teachers Construction of Their Professional Identities", *Journal of Curriculum Studies*, 1999, 31 (6), pp. 711 - 726.

③ Samuel, M., Stephens, D., "Critical Dialogues with Self: Developing Teacher Identities and Roles - a Case Study of South Africa", *International Journal of Educational Research*, 2000, 33 (5), pp. 475 - 491.

④ Sugrue, C., "Student Teachers' Lay Theories and Teaching Identities: Their Implications for Professional Development", *European Journal of Teacher Education*, 1997, 20 (3), pp. 213 - 225.

的自我认同在某种程度上可以说是通过自我反思而形成的，作为教师的自我反思，与教师的个人和社会历史有关。[①] Cooper、Olson 和 M. R. 认为，教师认同是一个多面体的事实，历史因素、社会因素、心理因素和文化因素都会影响到教师自我的"教师感觉"。事实上，教师的自我认同往往是动态的、不断形成的，从专业发展的观点看，教师自我认同的形成是一个持续地对经验进行解释和再解释的过程，不仅要回答"我是谁"，而且要回答"现在我是谁"。

1.5.2.4　教师自我认同与教师生活史的相关研究

Goodson 和 Cole 通过对 7 个教师生活史的研究，得出如下结论：①教师对新专业的认同有赖于专业团体的观念；②教师教育需要促进教师人格实现和专业潜能。Antonek、McCormick 和 Donato 通过对两个师范生个人生活史的分析，认为：①虽然两个师范生都很成功，但是具有不同的发展轨迹；②教师自我的形成是独特的和复杂的；③专业认同是由许多不同来源的知识相结合而形成的；④对人格进行侧写（类似于人格分析）是建构认同的合适工具。[②] Samuel 和 Stephens 通过对两个南非师范教师的个案研究，认为：①认同是教师能够达到的希望和抱负的

---

① Antonek, J. L., McCormick, D. E., Donato, R., "The Student Teacher Portfolio as Autobiography: Developing Professional Identity", *Modern Language Journal*, 1997, 81 (1), pp. 5 – 27.

② Antonek, J. L., McCormick, D. E., Donato, R., "The Student Teacher Portfolio as Autobiography: Developing Professional Identity", *Modern Language Journal*, 1997, 81 (1), pp. 5 – 27.

张力；②在一个变化的社会环境中，教师的角色和认同受到许多挑战和影响；③师范生的实习经历影响了他们认同的形成。[1] 基于生活史的研究，教师的专业自我是在认同的过程中得以形成，且较为深刻地影响着教师的专业实践与专业发展。

1.5.2.5 教师自我认同与教师访谈的相关研究

Gardner 通过对 44 位 1888~1917 年出生的退休教师进行开放或封闭式的访谈，得出结论：①教师训练后，教师的专业生活是稳定的；②教师进一步的专业发展涉及对最初学得的技能的精致化。[2] Sugrue 通过分析对 9 位实习教师的访谈记录后认为：①专业认同的形成不仅与学生的人格特点有关，还与很多因素有关；②实习教师对专业认同的默认和改变与教学理论有关。[3] Mawhinney 和 Xu 通过对 7 位教师的观察、现场记录和访谈，认为：①预备教师必须主动投入到提高专业技能上；②建立一个新的专业认同需要一个长时间和缓慢的过程。[4] 以上研究表明，教师的专业认同能够影响其工作实践及其专业素养的提升，我们需要重视教师的专业自我的认同问题。

---

[1] Samuel, M., Stephens, D., "Critical Dialogues with Self: Developing Teacher Identities and Roles – a Case Study of South Africa", *International Journal of Educational Research*, 33 (5), pp. 475 –491.

[2] Douwe Beijaatd, Paulien C. Meijer, Nico Verloop, "Reconsidering Research on Teachers Professional Identity", *Teaching and Teacher Education*, 2004 (20), pp. 107 –128.

[3] Sugrue, C., "Student Teaches' Lay Theories and Teaching Identities: Their Implications for Professional Development", *European Journal of Teacher Education*, 1997, 20 (3), pp. 213 –225.

[4] Mawhinney, H., Xu, F., "Restructuring the Identity of Foreign – Trained Teachers in Ontario Schools", *TESOL Quarterly*, 1997, 31 (3), pp. 632 –639.

1.5.2.6　教师自我认同的方法路径研究

Fred 指出，为了促使教师通过反思修正、发展自己的教师认同，可以采取以下几种方法。第一种方法是生命之路（life path），要求教师画一条时间轴，并在上面标示出对其成为一名教师影响最大的事件和人物；第二种方法是经验之河（river of experience），用撰写个人传记的方法回顾中小学时期的经历以及其他影响其专业发展的事件；第三种方法是教师之间进行故事交换（exchange of stories）；第四种方法是利用档案袋（portfolios）作为促进教师反思自我认同的工具。

1.5.3　相关研究引发的思考

事实上，国内外学者已经对此问题进行了大量的研究，并取得了相当多的研究成果。教育心理学对教师自我认同的研究更多地侧重于教师形象、角色与人格等方面，强调研究的可测性；教育社会学对教师自我认同的研究更多地强调社会情境的相关性，注重教师自我认同的社会性因素分析；在后现代主义思潮的影响下，学者们注重自我叙述与反思，注重在语言转向中进行教师自我认同的相关研究。本书对教师专业发展与自我认同问题进行理论探析，试图借鉴不同学科领域的研究成果，在探讨教师专业发展中自我认同与认同危机的基础上，分析与思考教师专业发展中的合理认同问题，进而在合理认同的视域下，集中探讨教师专业发展的实现路径等问题。唯有这样，我们或许能够较为全面地把握和理解教师专业发展中的自我认同，并在分析与思考合理认同的基础上，促进教师的专业发展及其相关研究与探索。

需要指出的是，在对教师专业发展的研究梳理中，我们发现教师专业发展的主体意识、目标、动力及实现路径问题，都与教师专业发展的自我意识密切相关，而自我认同理论的引入与探讨，可以帮助我们更好地审视与思考教师专业发展中的主体性、目标、动力及实现路径等问题。事实上，理念是行为的先导，只有在理念层面较为清晰地把握教师专业发展中的自我认同问题，在理念层面较为深入地把握教师专业发展中的主体性、目标、动力及实现路径等问题，我们才能更好地将教师专业发展的相关研究予以细化和深入下去。

1.6　核心概念的界说

1.6.1　教师专业发展中的自我认同

教师专业发展中的自我认同是一种内在性认同，是教师依据个人专业经历所形成的作为反思性理解的自我，主要集中于教师主体性的研究，强调对教师自身的专业价值、身份与角色等的反思性理解，强调对教师专业经历与专业经验进行深度叙述与反思性理解。教师专业发展中的自我认同是教师个体一种内在化的过程，也是教师自我辨识的过程，其目的在于确立教师自己的"身份"，找到自己的"归属"，从而达到对"我是谁"的确认。教师专业发展中的自我认同也是一种结果，它同样指向教师个体意义感、身份感与归属感的获得，指向教师对其专业价值、身份与角色的一种确认。教师专业发展中的自我认同表明的不仅是个体依据专业经历所反思性地理解到的自我，还是在一个内在参照系统中由教师个体围绕理想自我，发挥自己的能动性，利用自己周围的资源去建构自我的过程。

1.6.2 教师专业发展中的认同危机

1.6.2.1 认同与认同危机

"危机"一词不仅仅作为断裂，或多或少更是一种持续的事态，它有特定的用途，它同样也侵入自我认同和个人情感的核心中去。危机之后获得的新的认同是重新发现自己的过程。[①] 现代生活的社会力量往往是一种导致不稳定的力量，它改变了人们在以前生活中获得的自我身份感、价值感和归属感，使得个体往往不知所措，由此产生了自我认同危机。

认同的危机是一种严重的无意义感和无方向感，人们常常用不知"他们是谁"来表达，但也可被看作是"对他们站在何处"的极端的不确定性[②]。自我认同危机也是个体对自我的不确定性的一种疑虑和焦虑，是自我价值感的衰落、自我身份感的丧失与自我归属感的迷失。自我价值感的衰落与自我身份感的丧失，对人的自我评价、自我实现和自我发展都有非常致命的影响。处于认同危机中的个体，常常会通过反思来认识这种危机。在面对和解决这种危机的预期需求中，生活历程得以建构，

---

① 安东尼·吉登斯：《现代性与自我认同——现代晚期的自我与社会》，生活·读书·新知三联书店，1998，第 13 页。

② 安东尼·吉登斯：《现代性与自我认同——现代晚期的自我与社会》，生活·读书·新知三联书店，1998，第 37 页。

至少是个体的反思意识得到高度提升。①

事实上，认同与认同危机是一个问题的两种状态，二者之间存在一种肯定与否定的关系。如果说认同是肯定的状态（认同就是一种包含差异的认同），那么现代认同危机是认同发展和演化到一定阶段所必然出现的否定性状态，认同危机是"认同"中否定的"种子"的发芽和成长。② 认同危机也是一种认同，它是成熟了的、对自己的认同进行否定的认同。同时，认同与认同危机二者之间是可以相互转化的，现代认同危机在整个认同过程中扮演了一个承上启下的角色。

1.6.2.2 教师专业发展中的认同危机

教师在确认"我是谁"及"这样的我要成为一个什么样的教师"时，往往会陷入自我与他者的冲突之中，会遭遇到自我的认同危机。因为，教师身处的社会环境与学校情境不断发生变化，教师的生活同样充满了冲突与不确定性，"社会性自我"与"个体性自我"之间缺乏有效的沟通与协商，在诸多日益加剧的冲突中，教师自我的认同危机不可避免。在面对和解决诸多认同危机的预期需求中，教师的专业生活历程得以建构，教师的反思意识与能力得到提升。处于认同危机中的教师，也常常会通过叙述与反思来认识或应对这种危机。

教师专业发展中的认同危机表现为教师价值认同危机与自

---

① 安东尼·吉登斯：《现代性与自我认同——现代晚期的自我与社会》，生活·读书·新知三联书店，1998，第 174 页。
② 王成兵：《当代认同危机的人学解读》，中国社会科学出版社，2004，第 18 页。

我意义感的丧失，表现为教师自我身份感的困惑与归属感的缺失，表现为教师专业角色的冲突与困惑。伴随着教师自我价值、身份与角色的认同危机，教师愈来愈缺乏对自我的审视与反思，处于"失语"状态的教师往往更容易产生焦虑的心态，往往更容易产生对教学本身的倦怠，从而影响到其教学的热情与教学的效果。最为重要的是，伴随着价值认同危机、身份与角色认同危机，以及教师"自我的失音"和"焦虑与倦怠"，教师的创造性也日益耗竭，教师的道德框架也陷入分裂的状态，甚至产生了对教育本身的信仰危机。这些危机的产生真切地影响着教师的专业实践，影响到教师自我的建构与生成，影响着教师的专业发展。

1.6.3 教师专业发展中的合理认同

教师专业发展中的合理认同不是自顾自地自我认同，而是在合规律性与合目的性的关系中，帮助教师实现"自我"的合理辨识，帮助教师在叙述与反思中找寻到"自我"的家园，帮助教师在自我认同的过程中实现自身的专业发展。教师专业发展中的自我认同最终要谋求一种合理认同，只有合理的自我认同才能更好地促进教师的专业发展。教师专业发展中的认同危机是不可避免的，危机的化解也内在需要教师专业发展中的合理认同。

教师专业发展中的合理认同既是理论上一种思辨与分析，也是对教师专业实践与专业发展的一种积极探索。教师的合理认同是化解自我认同危机的一种积极的、有益的路径，而合理认同本身是教师自我认同合规律性与合目的性的统一。教师自我认同的合规律性反映了认同的客观性与确定性的特征，它是科学主

义与行为主义视野下教师认同的内在反映。教师自我认同的合目
的性则体现了教师的主体性因素，反映了教师自我认同的主观性
与不确定性，它是后现代视野下教师自我认同的转向。

1.7 创新与不足之处

1.7.1 研究的创新之处

教育心理学对教师自我认同的研究更多地侧重于教师形象、
角色与人格等方面，强调研究的可测性；教育社会学对教师自
我认同的研究更多地强调社会情境的相关性，注重教师自我认
同的社会性因素分析；在后现代主义思潮的影响下，学者们注
重自我叙述与反思，注重在语言转向中进行教师自我认同的相
关研究。本书对教师专业发展与自我认同问题的相关研究，试
图借鉴不同学科领域的研究成果，在探讨教师专业发展中自我
认同与认同危机的基础上，分析与思考教师专业发展中的合理
认同问题，进而在合理认同的视域下，集中探讨教师专业发展
的实现路径等问题。研究可能关涉的创新性，着重于以下几个
方面的内容。

对教师专业发展中自我认同的静态分析。真正静止的状态
是不存在的，但相对的静态能够让我们更好地认识事物。本文
以自我认同的合理性与教师的主观态度为横纵坐标轴，对教师
专业发展中的自我认同进行一种静态的分类与表征。具体而言，
把教师专业发展中的自我认同分为四类，即积极的合理认同、
消极的合理认同、消极的不合理认同和积极的不合理认同。在

分析教师专业发展中自我认同的合理与否问题的基础上，在分析教师专业发展中积极与消极的主观态度的基础上，本书对四种分类进行了具体的表征与探讨，并且将四种样态与教师的专业发展紧密地结合起来，具有一定的新意与研究价值。

在"自我更新"取向教师专业发展阶段理论与职业锚理论参照下，探讨教师专业发展不同阶段的自我认同。借鉴"自我更新"教师专业发展理论的阶段划分以及职业锚的相关理论，分别探讨教师专业发展中自我认同在"非关注"、"虚拟关注"、"生存关注"、"任务关注"及"自我更新关注"五个阶段的特性，从而在动态的过程中把握教师专业发展中的自我认同。在分析教师专业发展不同阶段自我认同的基础上，结合职业锚的理论，探讨如何更好地在不同阶段促进教师的专业发展。尽管研究的深入程度尚且不够，但是一种积极的、有益的尝试，可以为我们的教师教育研究提供一种新的视角。

对教师专业发展中诸多层面的认同危机进行梳理、归纳与反思。国内外关于教师自我认同的相关研究，在一定程度上忽视了认同危机对教师专业发展的影响，并且未能在总体上分析与思考教师专业发展中诸多认同危机的内在线索，未能对其进行系统的梳理、归纳与反思。本书在这方面试图有所突破，在危机中探讨教师专业发展的诸多诉求，探讨在教师专业价值认同危机、身份危机与角色认同危机的影响下，教师的专业发展定位与规划、教师的创造性及一系列心理体验遭遇到何种困境，探讨教师专业发展中语言转向的内在诉求，探讨教师如何在危机中更好地实现自我的合理认同与专业发展。这既是对教师专业发展中认同危机的理论梳理，也是对教师专业实践与专业发展的一种现实观照。

教师专业发展中合理认同观念的提出及其内涵。"在当代认同问题研究中，'合理认同'和'合理认同观念'属于比较少见的提法，这个观念可以帮助我们从理论上更好地理解和把握当代认同危机问题，特别是就实践和社会生活层面而言，当代合理认同观念应当在生活世界中具有可操作性，并可以在实际生活中得到有效的培养"。[1] 本书借鉴并深化了合理认同的概念，在合规律性与合目的性的统一中，着重分析了教师专业发展中合理认同的内涵，分析了教师专业发展中合理认同的合规律性与合目的性的内在特征，并分析其对教师专业发展实现路径的内在导引。这既是本文理论研究的重心，也是本文立论的基础。

合理认同视域下教师专业发展的实现路径分析。教师专业发展中的合理认同内在地导引着教师专业发展的实现路径，尤其强调教师专业发展的语言转向与对话协商。在专业发展的过程中，教师需要注重"自我"的觉醒与主体意识，重视在叙述中进行反思，重视与他者的交往与协商，重视相关心理机制的培育与自我的调适。对于这些路径的分析，不仅能够在一定程度上丰富教师专业发展的理论体系，而且能够指向教师专业发展的实践层面，具有一定的创新之处。

1.7.2 研究的不足之处

理念是行为的先导，只有在理论上明晰教师专业发展中自我认同、认同危机与合理认同的内涵与特征，才能进一步在实

---

[1] 王成兵：《当代认同危机的人学解读》，中国社会科学出版社，2004，第 95 页。

践层面有效地促进教师的专业发展。但是，认同的话语、自我的概念本身就是一个复杂的命题，要把这一命题引入教师专业发展中，在理论上具有相当的难度。因而，本书在理论的缜密性与指向性上仍然用力不够，今后仍需将这一命题进一步细化与深入，这样才能更好地获得合理的认识结果，才能更为有效地对现实问题予以观照和指引。

本书注重将多领域的研究成果引入教师专业发展中，尤其重视教师专业发展的语言转向与对话协商，因而，对心理学相关研究成果的引入显得比较欠缺，对心理学的相关研究路径没有给予充分的介绍。但这并不表明心理学的相关研究及其路径不重要，只是因为本书侧重的是理论层面的探讨，而且教师专业发展中的自我认同、认同危机与合理认同问题需要予以多学科的交叉研究，这样才能更为全面地把握其内在的规律与特征。

对教师专业发展中自我认同的相关研究仍处于起步阶段，因此，在理论探讨的同时，应注重多种研究方法的介入，这样才能更好地丰富我们的研究成果。在今后的研究中，我们需要加强研究方法的多元性，重视相关的实证研究、叙事研究与行动研究等。

此外，对合理认同视域下教师专业发展实现路径的分析，仅仅是路径指引，具体发展策略的提出仍需进一步细化。相对而言，对叙事与反思的发展路径谈得较多，对相关心理机制的培育与自我的调适谈得较少，理论分析得较多，具体策略建议得较少，在今后的研究工作中，对于这些不足之处需要予以重视并加以完善。

第二章　认同理论与教师的自我认同

2.1　认同理论的概述

在当代社会生活的每一个地方，我们都遭遇到认同的话语，认同问题也日益成为影响人与组织不断发展的核心命题。然而，认同是一个不同学科共同关注但又众说纷纭的概念。正如当代西方知名哲学家和社会学家马克·费瑟尔斯通（Mike Feather-stone）所言[①]："最近若干年来，人们对于认同很感兴趣……'认同'在当代社会科学和人文科学中的使用范围极为广泛，也使人迷惑不解。它可以被用于一个人、一个地方、一个国家甚至这个世界。它能够被用于无生命的东西上……在某些用法中，'认同'是'人格'和'自我性'（selfhood）这些术语的继承者；在其他的用法中，它又被视为一种文化、一个国家甚至一个社会的质"。人们越来越热衷于讨论认同问题，但没有想办法

---

① Joseph E. Davis（edited），*Identity and Social Change*，Transactions Publishers，New Brunswick，2000，pp. 53 – 54.

在认同概念的当代意义上获得突破。这无疑是一个很奇怪的现象，但更是一个事实。尽管这些现象和事实反映了"认同"这个问题自身所蕴含的复杂性，然而，从学术研究的角度来说，我们不能不坦率地承认，这是学术研究中一个不小的缺憾；与此同时，这个事实也为我们在当代认同问题的研究上取得突破提供了一个很好的切入点和一个可以任思绪任意驰骋的巨大的思想空间。①

2.1.1 认同理论的研究综述

2.1.1.1 认同概念的辞源分析

从辞源上讲，东西方不同文化与语言背景下的认同概念略有不同。在汉语语境下，认同是一个复合词，其意义是由"认"和"同"复合而成。"认"在古代汉语中是一个多义的概念，主要有三种含义：一是认识、辨明；二是认为、当作；三是承认。"认"在现代汉语中也是多义词，主要含义有四种：一是认识、分辨；二是没有关系的建立某种关系；三是同意、承认；四是认吃亏。"同"在古代汉语中的含义有：一是相同、一样；二是一同、共同；三是参与、干预。"同"在现代汉语中的含义主要有：一是相同、一样；二是跟，相同；三是共同、一起。"认同"在现代汉语中有两种含义：一是认为跟自己有共同之处而感到亲切；二是承认、认可。根据"认"和"同"含义的复合来说，"认同"还有赞同、同意的意思，其义与承认有相似之

---

① 王成兵：《当代认同危机的人学解读》，中国社会科学出版社，2004，第5~6页。

处。① 《汉语大词典》中就将认同（Identity）界定为：承认是同一的或表示认可和赞同。② 东方语境下的认同话语注重归属感、身份感和同一性，承认、认可、赞同自己所归属的某一群体特征。

西方的认同（Identity）有这样几个辞源内涵：一是使等同于、认为……一致；二是同一性、一致；三是身份、正身、本性、个性、特性。中国台湾学者孟樊在《后现代的认同政治》中详细分析了 Identity 的中文译法，"认同"一词，英文称为 Identity，国内学者译为"认同"、"身份"、"属性"，或者"正身"③，然而从后现代来看 Identity 本身变得不确定、多样且流动，身份也是来自认同，"加之 Identity 原有'同一'、'同一性'或'同一人（物）'之意"，因此译为"认同"。④ 英国学者戴维·莫利分析了认同的概念，认为是"差异构成了认同"，认同涉及排斥和包含。⑤ 西方语境下的认同话语不仅注重归属感、身份感和同一性，而且重视认同的差异性。从辞源上讲，认同的范畴归根在于"我"和"我们"、"我"和"他者"之间的归属感、身份感、同一性和差异性。此外，在西方学界对认同的词义界定有 Identity 和 Identification 之分，前者侧重于动态的过程，后者侧重于静态的结果，二者反映了一个基本的假设：认同既是一种结果，更是一种过程。

---

① 李素华：《对认同概念的理论述评》，《兰州学刊》2005 年第 4 期。
② 《汉语大词典》（11 卷），汉语大词典出版社，1993，第 251 页。
③ 孟樊：《后现代的认同政治》，扬智文化事业股份有限公司，2001，第 16～17 页。
④ 同上，第 16～17 页。
⑤ 戴维·莫利：《认同的空间》，南京大学出版社，2001，第 61 页。

2.1.1.2　认同概念的学术界定

在西方学术界，不同学科对认同的认识存在差异。北美学术界关注的基本认同方式主要是角色认同（role identity），即个体对自己在社会结构中所处一定社会位置（social position）的意识。欧洲学术界则将基本认同方式划分为个人认同（personal identity）和社会认同（social identity）。个人认同是指个体对自己一定独特性的意识，即个体在时空上确立自己是同一个人而不是其他人；社会认同则是个体对自己处于一定社会样体、社会类别或社会范畴（social category）的意识。社会认同使个体意识到，并强化自己在一定社会范畴上与其他一部分人同一或类似，而与另一部分人则存在差异。① 在这方面，社会学家米德（Mead）和心理学家艾里克森（Erikson）的研究最具代表性。艾里克森的研究着重于社会情景中认同的形成以及人们实现认同所经历的阶段。他描绘了一个随着时间延续而变化的认同概念——认同并不是一个人生而具有的，而是在他一生的过程中不断发展的。米德把"认同"的概念与"自我"的概念联系起来，详细描述了"自我"是如何通过与环境的作用而发展起来的。在众多的认同概念解释中，人们的共识是："认同"是指人们对自身同一特性的意识或内在界定，它不是一个人固定不变的态度，而是一种相对的现象；"认同"是一个在主体内部发生、发展，并受到环境制约的过程。②

一般而言，认同涉及两个方面，一方面是他者对自我的界

---

① J. C. Turner, M. A. Hogg, *Rediscovering the Social Group*, Oxford: Blackwell, 1987, pp. 42 – 67.

② 张敏:《国外教师职业认同与专业发展研究述评》,《比较教育研究》2006 年第 2 期。

定，另一方面是主体本人对自身的理解。Taylor 指出，认同由承诺（commitment）和同一性（identification）界定，它们为个人提供了框架或范围，使我能够决定什么是善的、什么是有价值的、应该做什么、应该赞赏什么。换句话说，认同构成我能够采取立场的一个范围或领域。① 正如英国心理学家贝特·汉莱密的观点，"认同由三个层次展开，即从群体认同经过社会认同到自我认同"，即通过某种认同获得一种归属，从所在的群体获得一种信仰系统，通过这个所在的群体参与社会，得到某种社会认同感，而个人在获得某种社会认同之后，对自我认同有内在的动力，即它直接影响到个人的自我参与。人的认同大致上可以分为两大部分，即人的自我认同和人的社会（集体、群体）认同。自我认同"并不是个体所拥有的特质，或一种特质的组合。它是个人依据其个人经历所形成的作为反思性理解的自我"。② 自我认同是在一个内在参照系统中由个体围绕理想自我，发挥自己的能动性，利用自己周围的资源去建构自我的过程。社会认同则是指社会对个体的角色期待和设定，体现了社会对个体身份的体认与共享。前者是一种内在认同，是一种内在化过程和内在深度感，是个人依据个人经历所形成的、作为反思性理解的自我，它主要集中于对人的主体性问题的研究③；后者的直接对象是人的行为的普遍和客观的社会意义，直接指向社会价值观、社会身份与角色的规约

① Charles Taylor, *Sources of the Self: The Making of the Modern Identity*, Harvard University Press, 1989, p. 27.
② 安东尼·吉登斯：《现代性与自我认同——现代晚期的自我与社会》，生活·读书·新知三联书店，1998，第 58 页。
③ 王成兵：《略论消费文化语境中的认同危机问题》，《学术论坛》2004 年第 2 期。

及其功能发挥。自我认同与社会认同之间相互影响、相互制约。社会学家汉斯·摩尔认为，在个人层次方面，"认同是一个人在混沌环境中所占据的稳固方位，个人能够据之对外在环境做出积极的防御"；在社会层次方面，"认同是一个基本的及普遍拥有的信仰、模范及价值之综合，它能抵抗外在事物对本身环境与成员的威胁及维续自身"。①

事实上，认同是一种辨识过程，其目的在于确立自己的"身份"，找到自己的"归属"，从而达到对"我是谁"的确认。"认同给你一种个人的所在感（a sense of personal location），给你的个体性以稳固的核心"②。理解认同概念时，必须要关注整体的人的自我意义感与身份感，不能忽视价值认同、身份认同和角色认同的意义。在"我是谁"、"我在哪里"和"我有什么用处"的追问中，人们真正明白了自己的身份和角色，意识到了自己的价值。当代认同的界定就是要突出种种力量之间的内在张力。③

2.1.1.3　不同学术视野下的认同理论

关于认同问题，出现了多种多样的研究方法和各不相同的研究态度以及与之相伴而来的一般见解。所有这些方法、态度与见解，都有存在的合理性，也部分地反映了人们对当代认同问题研究的成果，有些见解可以称得上是真知灼见。④

---

① 李素华：《对认同概念的理论述评》，《兰州学刊》2005 年第 4 期。

② Jeffrey Weeks, "The Value Difference", Jonathan Rutherford, *Identity*：*Community*，*Culture Difference*，London：Lawrence&Wishart，1990，p. 88.

③ 王成兵：《对当代认同概念的一种理解》，《学习与探索》2004 年第 6 期。

④ 王成兵：《当代认同危机的人学解读》，中国社会科学出版社，2004，第 95 页。

表 1 不同理论派别与研究方法视野下的认同理论

派别＼项目	主要观点	核心词	研究意义	研究缺陷
经验主义与科学主义	①分析了各种同一性 ②分析了同一的实体、同一的人和同一的人格这三个不同的概念	同一性 同一的人格	①个人认同被作为一个问题提出来，具有反对封建神学的进步动机 ②第一次把人的认同问题作为真正的哲学和人学问题来加以讨论，从而促进了这个问题的研究的深入	①过于强调认同的实证性，而忽视了对认同自身属性和内部结构的挖掘 ②偏重于对认同的个体性因素的研究，而基本上忽略了对认同的社会因素或者认同的社会性的研究。语言哲学的分析手段，使得认同问题的研究风格有一点远离生活和社会现实，从而在客观上影响了研究的深度和广度
	①自我是偶然的结合 ②记忆被认为是人格同一性的来源 ③记忆显现人格的同一性①	经验 记忆		
	①人格认同的语言分析 ②人格认同是记忆的逻辑的必需条件 ③记忆是过去亲眼所见或参与的认同的充分条件	人格认同 记忆 语言分析		
行为主义	①把自我置于社会关系之中，通过人在社会中的行为来研究自我问题 ②自我是一种社会性的自我 ③当代认同中的自我是从社会共同体中形成的，自我是在影响他人和被他人影响的过程中实现自己的 ④自我是一个过程，自我进化生成社会性自我和社会把自我塑造成社会性自我的过程是双向的	社会性的自我 自我实现 双向过程	①它是科学的且建立在研究的基础之上，具有相当的可测性 ②摈弃了先验的、脱离现实的认同，转而关注在交往行为中的认同关系，注意自我和认同与社会进化之间的双向互动关系	①在追求确定性的过程中，如何面对认同，尤其是自我认同的不确定性和破碎性 ②忽视历史的、逻辑的研究

---

① 休谟：《人性论》，商务印书馆，1983，第 292～293 页。

续表

项目 派别	主要观点	核心词	研究意义	研究缺陷
后现代主义	①侧重于在情境中，通过对话和活动，实现自我的生成 ②认同是在自我与他者的对话中生成的，认同是在情境中的主体性的发挥，认同是在话语中并通过话语建构出来的 ③以对元叙事的怀疑为主要特征，侧重于分解和碎片化 ④认同是一种破碎的、片段的认同，认同自身就是"异质性的、流动性的和微妙的"②	对话 主体性 话语建构 分解 碎片化 片断的认同	①放弃确定性的自我概念，反对一成不变的、僵化的和程式化的认同 ②推崇当代认同的多样性、变动性和异质性 ③对单一认同观的批评，对差异的强调，对"他者"的重视，为当代认同的研究提供可供借鉴的思路	①它过分强调认同流变的和破碎的一面，完全忽视了当代认同稳定的、固定的和一致的方面 ②在反对所谓的"霸权话语"、对工具理性进行解构和对权威进行怀疑的同时，其实是使用了一种虚无主义的方法
现象学与解释学	①自我主要指先验的自我或者纯粹的自我，在内在的意识现象的范围内完全通过内知觉的自明性所把握的自我 ②纯粹的自我不会随着每一意识体验的消逝而消逝，纯粹自我与意识体验一起被直接给予，具有证明性 ③认同是自我在某一段时间的意识体验 ④认同存在于自我的历史与叙事中 ⑤自我与他者的"对话"	经验的自我 先验的自我 纯粹的自我	①"回到事情本身"，回到自我的经验与生活之中 ②纯粹的自我指向了对自我的终极追问 ③自我的自明性和证明性为人的认同提供了依据 ④解释学的语言转向，将新的研究路径、视界融合、叙事方法等引入到认同研究 ⑤视界融合、叙事方法等引入认同研究	①现象学对自我经验的描述不可避免地是一种普遍化和抽象化 ②现象学对自我的反思会使生活经验不再被活生生地体验着，而是被观察着，"止住了体验的流动" ③对自我的先验理解或文本解释，往往使得认同更具不确定性和碎片性

①R. G. Donn, *Identity Crisis: A Social Critique of Postmodernity*, Minneapolis: University of Minnesota Press, 1998, p. 28.

续表

项目 派别	主要观点	核心词	研究意义	研究缺陷
精神分析理论	①人的精神人格由本我、自我和超我所构成,自我是调节超我与本我关系的"中间人" ②弗洛伊德将儿童把父母或教师的某些品质吸收为自己人格的一部分的行为称为认同作用,并给出认同的定义 ③埃里克森提出"自我同一性"理论 ④主体性、归属感与人格认同有直接的内在本质联系	本我 自我 超我 内化 同一性	①本我、自我和超我的相互关系为自我认同提供了心理学的研究视角 ②自我同一性是认同的核心概念之一,同一与差异是对立统一的两个方面 ③认同概念用来表示主体性、归属感	①偏重从人的心理活动和精神活动的方面去解释人的存在和行为,比较轻视社会物质文化生活对人的意义 ②埃里克森的自我同一性理论缺乏对其他社会科学的研究成果的借鉴,同时理论的体系化和系统性有待加强与完善

2.1.2 认同的内涵、特征与分类

2.1.2.1 认同的内涵

(1) 认同是一种过程,更是一种经历

认同是一种内在化的过程,也是一个辨识的过程,其目的在于确立自己的"身份",找到自己的"归属",从而达到对"我是谁"的确认。在认同的过程中,个体经历着自己的人生、职业和社会生活实践等,个体总是通过参与性经历的方式,达到自我的某种确认。在"我是谁"和"我们是谁"的确认过程中,个体的认同与社会的群体认同实现着互动。在彼此认同的

双向关系中，人的主体性与社会化的要求有机地结合在一起，从而有效地推动着个体与社会的发展。

（2）认同是一种结果，是意义感、身份感和归属感的获得

认同也是一种结果，认同的结果指向个体意义感、身份感和归属感的获得。个体认同在终极层面是对"我是谁"的追问，是对个体在群体中的价值、身份与角色的一种确认。社会认同则是对"我们是谁"的终极追问，是对社会群体价值观、社会身份与角色等的一种确认。作为一种结果，认同感无限接近于认同的概念，但在主观的感觉与体验中，自我是一种社会性的自我，是对自我与社会的一种反思性成果。

（3）认同是社会性的，是群体及其成员资格与角色的联结

正如行为主义的观点，自我是一种社会性的自我，只有把自我置于社会关系之中，在社会共同体中，才能更好地研究自我的问题。个体的人与群体组成的社会，都是通过彼此间的相似性与差异性来界定各自的身份与角色等，进而确认着"我是谁"和"我们是谁"。因此，认同是群体及其成员资格、身份与角色的一种联结，我们通过把多种形式的认同综合为一个认同的方式来界定着人的主体性与社会性。

（4）认同是微观与宏观之间的一种关系

认同是微观与宏观之间的一种关系。我们通过属于更广阔范围和能明显反映更多风格和讨论的微观事物来界定"我们是谁"。[1] 认

---

[1] Wenger, R., *Communities of Practice: Learning, Meaning and Identity*, Cambridge: Cambridge University Press, 1998, 转引自 Judyth Sachs, "Teacher Professional Identity: Competing Discourse Competing Outcomes", *Education Policy*, 2001 (16), No. 2, pp. 149 – 161.

同在宏观层面涉及民族、国家及社会的宏大叙事，涉及文化、政治与经济等方面的主体性确认。在微观层面，认同则涉及每一个群体及其组织，涉及每一个人的主体性问题，它更多的是在自我的叙事与反思中，实现着自我的确认与发展。

2.1.2.2　认同的特征

认同是一个复杂且不断发展的问题，在认同的相关研究中，不同学者针对认同的特征进行了不同的界定与归纳。概括起来，在几个关键性成分中，认同呈现以下特征。

（1）认同的同一性与差异性

认同的同一性就是具有一种与他者保持同样性的感觉（a feeling of being like others），是"变化中的同态或同一问题"。[①] 它是指人的认同在不同的方面或条件下，保持同样的状态或事实，是"我"成为自己而不是他者的条件。用逻辑学的术语来说，是断言两个词项指称同样的一个事情，[②] 其功用在于让自我与他者保持同样性。同一性确保自己与他人之间的一致性，没有同一性，就很难确认自己真正的身份感和角色观，很难建立内在的归属感。

与同一性相对应，认同还具有差异性的特征，这种特征能够确保在自我和他者之间具有一种界限的感觉（a sense of boundaries between self and others），也就是说，这种成分可以确

---

① 滕星、张俊豪：《试论民族学校的民族认同与国家认同》，《中南民族学院学报》（哲社版）1997 年第 4 期。

② Random House Webster's College Dictionary，1996，p.668。

保认同之间内在的差异性。认同中的差异性主要作用在于保持认同之间的界限，其作用实际上是"同"中求"异"，使得人们在认可、接受和欣赏他者的身份、意义、价值、地位的同时，能够保持自己的独立性和个体性。有了这个边界和界限，个体认同与社会认同可以有别于其他个体与组织的认同；有了这个边界，个体的认同与社会认同之间也可以保持一种恰当的互动关系。

（2）认同的连续性与阶段性

认同的连续性是指一种自我体验和自我经验感，它造就了一种时间和空间意识，"一个人对在时空中存在的自我一致性和连续性的知觉以及别人认识到一个人的一致性和连续性这一事实的知觉"。① 认同的连续性就是时间和空间关系的动态一致性。个体认同之所以具有连续性，是因为个体所具有的记忆能力是一种可以跨越时间和空间的能力，它对确保认同的连续性起到了关键的作用。而人的这种记忆能力确保了对自我经历进行时空跨越的叙事反映与反思性的确认。

在认同的连续性中，认同也呈现阶段性的特征，认同是一个动态变化的过程："新的认同的涌现，旧的认同的复活，现存的认同的变迁等等。"②认同在动态的过程中呈现"认同——认同危机——新的认同"的阶段性特征，而且不同的认同阶段经历着"依从——认可——内化"的过程，经历着"认同混淆

---

① 埃里克·H.埃里克森：《同一性：青少年与危机》，浙江教育出版社，1998，第37页。

② Richards Jenkins，"Social Identity"，*Routledge*，1996（7）.

（Identity Diffusion）、认同阻断（Identity Foreclosure）、认同延缓（Identity Moratorium）和认同有成（Identity Achievement）"① 这四种认同状态。

（3）认同的整合性与碎片性

认同中的整合性是指现代人的认同中应当具有的一种整体感，是"我"与整体的动态的整合关系，其功能在于解决如何把他者融入这个自我之中。认同的整合性关涉我们要用核心认同去容纳和接受新非核心的、边缘的认同，用既有的认同去接纳新的认同，或用新的认同来改造、改变和革新旧有的认同。只有这样，认同才能保持相对的稳定性和整体性。② 但是，认同往往会呈现"异质性的、流动性的和微妙的"③ 状态。在后现代主义看来，认同就是一种破碎的、片段的认同，具有碎片性的特征。整合性与碎片性之间，既充满了对立与矛盾，也反映了认同复杂性的表象与特征。

（4）认同的内敛性与外散性

认同的内敛性即指认同是一种向内的自我深度感，是一种自我价值和自我意义的发现和肯定，是对"我是谁"的一种深度自我追问，它体现了人的主体性；而认同的外散性则指认同是人的自然属性、社会属性和精神属性的集中反映，人的自我体验与认识来自外界、他者，最终也必然回到外界、他

---

① Robert E. Slavin：《教育心理学：理论与实践》（影印版），北京大学出版社，2004，第90～91页。

② 王成兵：《当代认同危机的人学解读》，中国社会科学出版社，2004，第95页。

③ R. G. Donn, *Identity Crisis: A Social Critique of Postmodernity*, Minneapolis: University of Minnesota Press, 1998, p. 28.

者。外散性决定了他者对自我的相互影响，决定了他者对自我的一种定位与确认。正是由于认同的内敛性和外散性特点，在不同纬度上，我们就形成了自我认同与他者认同两种不同的认同形态。

（5）认同的理性与非理性

事实上，理性与非理性反映了不同的理论派别与研究方法。科学主义、经验主义和行为主义往往注重认同的理性色彩，而后现代主义则强调认同的非理性特征。认同的理性注重认同行为与认同感的自明性与可测性，注重用技术理性来支撑认同的过程与结果，它更加关注认同的同一性。然而，认同的非理性成分则在人的认同中起到了使认同片断化、碎片化和情绪化的作用，而且人们对认同中的非理性因素的过分张扬和对理性和非理性关系的认识的模糊必将导致人们更多地关注认同中的差异性。

2.1.3　认同与认同危机的界说

认同与认同危机之间存在一种肯定与否定的关系。认同与认同危机是一个问题的两种状态。从认同危机的角度看，认同危机也是一种认同，它是成熟了的、对自己的认同进行否定的认同。认同危机绝对不是一种简单的断裂，它标志着认同即将进入一个新的建构阶段，是新的认同形态的开始。认同作为一个过程，总是处在认同——认同危机——新认同之间的螺旋式运动之中。认同是潜在的认同危机，认同危机是成熟了的认同的必然走向，认同危机是"认同"中否定的"种子"的发芽和成长。① 具体来说，它是一个放大、合并、延伸和转移的过程，是一个从自我认同到社会认同再到自我认同，从自我认同危机到社会性认同危机，最后又回到自我认同危机的过程。②

对于个体来说，认同危机是个体对自我的不确定性的一种疑虑和焦虑，是自我价值感的衰落、自我身份感的丧失和自我归属感的迷失。当代的认同危机是自我认同不可回避的状态与结果，而认同危机也孕育着新的认同。在当代社会中，认同危机表现形式五花八门、多种多样，一般表现为：③ 个人语言的丧失、方向感的丧失和定位的偏差、创造性的日渐衰竭、焦虑感的增强、价值核心的丧失和道德框架的四分五裂，以及与主流意识形态的格格不入，进而出现人的信仰危机等。

2.1.4 认同与认同感的辨析

有学者认为认同等同于认同感，因为认同是对"我是谁"的追问，从根本上讲，认同是自我的意义感、身份感的确认与获得，而这些主观体验或感觉的获得可以通过个体的行为来测量或验证。从这个层面而言，认同与认同感的界限无限接近，而且在一些学者的研究中，甚至在心理学等学科领域中的一些著作中，往往会把认同感与认同看作一个概念来使用。

然而，认同不等同于认同感。认同既是一个结果，也是一个过程，认同既是一种意义感与身份感的确认与获得、一种伴

① 王成兵：《当代认同危机的人学解读》，中国社会科学出版社，2004，第 18 页。
② 王成兵：《略论合理的现代认同观念及其在生活世界中的培育》，《甘肃理论学刊》2005 年第 2 期。
③ 王成兵：《当代认同危机的人学解读》，中国社会科学出版社，2004，第 19～31 页。

随认同过程的主观体验，同时也是一种对自我的反思追问过程、一种对"我是谁"的主体性叩问。从这个层面讲，认同与认同感还是有其内在的差异性的。认同感是可以体验到的，甚至是可以塑造的，认同感的有无和高下会制约个人主体性的发挥，因此，在认同的过程中，我们最终要促成认同感这一结果的获得。但是，认同则是一个不由我们主观掌控的思维活动或认识活动，无论是否具有认同感，也无论认同感的程度如何，人总是不断地认同着自我与他者，只不过会存在合理的认同与不合理的认同、积极的认同与消极的认同、主动的认同与被动的认同等不同的认同状态而已。认同对于人与社会而言，是无法回避的现实问题，认同的过程未必会形成认同感，而认同感的获得则一定离不开认同的过程，认同与认同感二者内在关联，却也有根本上的差异与区别。

2.2　自我认同的理论概述

"自我认同"是一种复杂的、个性化的精神现象，它关涉人的主体性问题，是"我是谁"、"我从哪里来"、"我到哪里去""我应该做什么"的康德式问题，是人对自我意义感的追问，是人对自我身份的确认和对自我最终归属的定位。

2.2.1　自我认同的内涵

正如安东尼·吉登斯在《现代性与自我认同——现代晚期的自我与社会》中所言，"自我认同并不是个体所拥有的特质，或一种特质的组合。它是个人依据其个人经历所形成的作为反思性理解的自我"。① 自我认同对自我的反思性理解体现在三个层面②：首先，自我认同的内在性，抑或内部深度存在，即作为带有内部深度存在的我们自身的感觉，以及我们是"我们自己"的联结性概念，其核心是自我意义感、身份感和归属感，它比较注重历史的向度；其次，自我认同对自我的反思性理解脱离不了日常生活的影响，自我认同要关涉对日常生活的肯定，在片断性的日常生活中，自我通过叙事和反思，实现自我的确认；最后，自我认同关涉个体的内在道德根源，"我是谁"的终极关怀，也是对个体德性与德行的一种确认。

由此，我们所谈论的自我认同就会涉及四个范畴③：首先，对自我的理解，对"我是谁"和"我们是谁"的主体性叩问；其次，某种我们据此使我们的生活有意义的叙述，在叙述中实现自我的确认，因为自我不仅是先验的，也存在于日常生活世界；再次，对自我道德根源的追寻，对"善"的终极关怀；最后，自我认同的社会范畴，即对人的社会性，或者对社会性自我的一种体认与反思性确认。

自我认同作为认同的一种基本形态，它既是一种过程、一种经历，也是一种结果，是对"我是谁"的一种确认。在对自我经历进行反思性理解的过程中，自我认同关涉自我意义感、身份感和归属感的获得，关涉自我与他者的对话，关涉社会性自我与日常的生活世界，关涉个体的主体性发展。

---

① 安东尼·吉登斯：《现代性与自我认同——现代晚期的自我与社会》，生活·读书·新知三联书店，1998，第 58 页。
② 查尔斯·泰勒：《自我的根源：现代认同的形成》，译林出版社，2006，序言。
③ 同上，第 159 页。

2.2.2　自我认同与人的主体性

人的主体性既是主体的本质体现，也是主体的价值追求，是人在实践中建构和发展的。[①] 具有主体性的人，即具有主动性、自主性和创造性的人。人的主动性、自主性和创造性，离不开人对自我的确认，或者说，人对"我是谁"的确认是人的主体性的内在要求，也是人的主体性的根本性问题。

对于我这个个体来说，确认"我是谁"就是知道自我的关键性特征，知道"我站在何处"，而我的认同则能够让我尝试在不同的情况下决定什么是好的或有价值的，或者什么应当做，或者我应赞同或反对什么。换句话说，这是我能够在其中采取一种立场的视界。[②] 我的立场、我的视界，是由我的价值观、身份与角色等来规定和承诺的，因此，我的价值认同、身份认同与角色认同等，规约着社会性的自我，影响着自我的主动性、自主性和创造性。

我的主体性是"理想自我"与"现实自我"的交融与互动，亦是二者的对立与冲突。"理想的自我"，就是"我想成为的自我"，它塑造了使自我认同的叙事得以展开理想抱负的表达渠道，[③] 它是自我认同的核心部分，是对"我是谁"的终极追问。而"现实的我"是社会性因素与自我的互置，是自我认同

---

① 郝文武：《师生主体间性建构的哲学基础和实践策略》，《北京师范大学学报》（社会科学版）2000 年第 5 期。

② 查尔斯·泰勒：《自我的根源：现代认同的形成》，译林出版社，2006，第 37 页。

③ 安东尼·吉登斯：《现代性与自我认同——现代晚期的自我与社会》，生活·读书·新知三联书店，1998，第 75 页。

的关键特征，它使得认同回归到日常生活世界，它形塑着自我的成长轨道。自我认同的实现是主体性的内在轨迹，而主体性的彰显则是自我认同的起点与归宿。自我认同就是个人依据其个人经历所形成的作为反思性理解的自我，这个自我是理想与现实的交融与互动，是对"我是谁"的终极追问与确认。

2.2.3 自我认同与人的意义感、身份感与归属感

认同作为一种结果，就是意义感、身份感和归属感的获得，而自我认同就是要在自我成长与生活的经历中，找寻到自我的意义感、身份感与归属感。认同的内敛性特征体现了认同对自我价值和自我意义的发现与肯定，体现了对"我是谁"的一种深度自我追问。认同的同一性不仅是自我身份的一种确认，也体现了归属感对于自我认同的重要性。自我认同的同一性确保自己与他人之间的一致性，没有同一性，就很难确认自己真正的身份感和角色观，很难建立内在的归属感。

在晚期现代性的背景下，个人的无意义感，即那种觉得生活没有提供任何有价值的东西的感受，成为根本性的心理问题。① 个人意义感的获得直接影响着自我的确认以及自我的主动发展。个人的意义感是个体对自我价值及其实现方式的反思性投射，是个体对自我以及外在于自我的社会性因素的反思性投射。自我认同所指向的身份感与归属感，既受个人意义感的影响，也直接制约着个人的意义感。身份感是个体对自我身份所

---

① 安东尼·吉登斯：《现代性与自我认同——现代晚期的自我与社会》，生活·读书·新知三联书店，1998，第 9 页。

赋予的权利、义务及责任等的一种体验与确认，身份感的获得是个体自我认同的反思性结果之一，它又对应着不同的角色观及角色认同。归属感是自我确认的一种群体性特征，它是同一性与差异性的对立统一，归属感既是群体价值、身份、角色等的一种界限，也是个体与群体（或组织）连接的关键性要素，它影响着个体与群体（或组织）的发展动力。

2.2.4 自我认同与人的经历及反思性理解

认同是一种过程，更是一种经历。在认同的过程中，个体经历着自己的人生、职业和社会生活实践等，个体总是通过参与性经历的方式，达到自我的某种确认。自我认同同样具有连续性的特征，个体的记忆能力确保了对自我经历进行跨越时空的叙事反映与反思性的确认。"自我认同并不仅仅是被给定的，即作为个体动作系统的连续性的结果，而是在个体的反思活动中必须被惯例性地创造和维系的某种东西"。①

我们每个人不仅具有而且实践着一种个人经历，依据有关可能的生活方式的社会或心理信息流，这种个人经历被反思性地组织起来了。② 自我认同是个人依据其经历所形成的作为反思性理解的自我，换句话说，自我认同是一种反思性的成就，自我认同并非个体的先在特质，而是反思形成的。个体对自我的反思，离不开对日常生活世界的关注，"我将如何生活"的问

---

① 安东尼·吉登斯：《现代性与自我认同——现代晚期的自我与社会》，生活·读书·新知三联书店，1998，第58页。

② 同上，第15页。

题，必须在有关日常生活的琐事（如吃、穿、行）的决策中得到回答，并且必须在自我认同的暂时呈现中得到解释。①

个人的认同不是在行为之中发现的（尽管行为很重要），也不是在他人的反应之中发现的，而是在保持特定的叙事进程之中被开拓出来的。如果一个人要在日常世界中与他人保持有规则的互动，那么其个人经历就不能全然是虚构的。它表现为持续地吸纳发生在外部世界中的事件，把它们纳入关涉自我的、正在进行着的"故事"之中。② 因此，自我认同的实现，需要个体对日常生活"琐事"进行叙事与叙述，对个体的生活世界及自我经历进行反思性的理解。个体也需要通过叙事与反思，把对未来的设想与过去的经验联结起来，以便在自我认同的反思性叙述中反映自我的同一性与差异性，实现"理想的自我"与"现实的自我"的对话，实现自我与他者的对话。

总之，在现代性条件下的自我认同表明的不仅是个体依据自己的经历所反思性地理解到的自我，它还是在一个内在参照系统中由个体围绕理想自我，发挥自己的能动性，利用自己周围的资源去建构自我的过程。③

2.2.5 自我认同与现代生活的动力品质

安东尼·吉登斯认为现代社会生活的独特动力品质包括以

---

① 安东尼·吉登斯：《现代性与自我认同——现代晚期的自我与社会》，生活·读书·新知三联书店，1998，第15页。

② 同上，第60页。

③ 李慧敏、雷庆：《由"教化"到"内生"的教育——探求安东尼·吉登斯自我认同理论的教育意义》，《教育研究与实验》2006年第1期。

下三个主要因素。① 第一个因素为时空分离（separation of time and space），即自身的时空定位，用历史去创造历史，找寻历史的内在深度感。第二个因素为社会制度的抽离化。抽离化机制（disembedding merchanism）又有两种类型，分别称之为"符号标志"（symbolic tokens）和"专家系统"（expert systems），把它们统称为"抽象系统"（abstract systems）。第三个因素即现代性的内在反思性。现代性的反思性必须与内在于所有人类活动的、对行动的反思监控区别开来。尽管吉登斯所言的动力品质指向的是整个现代社会生活，但它同样适用于个体的社会生活及其自身的发展。时空分离的动力品质要求个体在自我的时空中确认"我是谁"，要求个体在自我的历史或经历中，找寻自我的内在深度感；抽象系统的本质在于"符号标志"和"专家系统"对于自我的体认与定位，它是社会性自我的他者表现；现代性的内在反思性，不仅是个体与社会发展的动力品质，也潜藏着个体发展的路径，反思性是自我认同的实现路径。个体如何确认"时空分离"中自我，如何实现与"抽象系统"的对话，都离不开反思性这一实现路径。

2.2.6　自我认同与羞耻感、自豪感

羞耻感往往来源于对自身及其行为的一种不充分感受，它会影响到个人的情绪体验，导致某种焦虑与压力的产生。羞耻感应该在与自我同一性的关系中得到理解，当自我认同的同一

---

① 安东尼·吉登斯：《现代性与自我认同——现代晚期的自我与社会》，生活·读书·新知三联书店，1998，第 17~22 页。

性特征不明显，或个体不能与他者保持同样性的感觉时，自我的羞耻感就会产生焦虑和压力，进而影响到个体的生活及其发展。自我认同越是变得具有内在参照性，那么在成年人的人格中，羞耻感就越会起着根本的作用。①

羞耻感是行动者动机系统的消极面，而其积极面则是自豪感，即对自我认同的叙事完整性和价值充满信心。当一个人能成功地培育自豪感时，他能在心理上感到自我经历是合理而完整的。自豪感的维护具有深远的影响，它的作用并不局限于自我认同的保护或激励，因为在自我的连贯性、自我与他人的关系以及更为普遍的本体安全感之间存在内在的关系。② 自豪感对于自我意义感、身份感和归属感的获得，也具有积极的影响。自豪感是个体对"现实自我"的积极确认，也是个体对"理想自我"的积极响应。

2.2.7　自我认同的危机

认同的危机是一种严重的无意义感和无方向感，人们常常用不知他们是谁来表达它，但也可被看作是对他们站在何处的极端的不确定性③。自我认同危机也是个体对自我的不确定性的一种疑虑和焦虑，是自我价值感的衰落、自我身份感的丧失与自我归属感的迷失。自我价值感的衰落与自我身份感的丧失，对人的自我评价、自我实现和自我发展都有非常致命的影响。

---

① 安东尼·吉登斯：《现代性与自我认同——现代晚期的自我与社会》，生活·读书·新知三联书店，1998，第 80 页。

② 同上，第 73 页。

③ 同上，第 37 页。

自我归属感的迷失不仅影响着个体主体性的发挥，也直接影响着组织认同与社会认同，影响着个体所在群体（或组织）的凝聚力、向心力及其发展的动力系统。在当代社会中，自我认同的危机同样表现为：① 个人语言的丧失、方向感的丧失和定位的偏差、创造性的日渐衰竭、焦虑感的增强、价值核心的丧失和道德框架的四分五裂，以及与主流意识形态的格格不入，进而出现人的信仰危机等。

教师作为一个特殊的专业（或职业）群体，既有任何一个专业组织所具有的共性特征，也有其独特的专业特征。从自我认同的视角探讨教师的专业实践与专业发展具有重要的理论价值与现实意义。教师的自我认同同样与其专业实践与专业发展的主体性、目标性、动力性及发展路径等问题都具有内在的关联，并体现其相应的内涵与特征。

2.3　教师的自我认同

2.3.1　教师自我认同的内涵与特征

研究者最早是从社会心理学和哲学的概念来定义教师认同的。研究者最初从米德的社会理论和艾里克森所做的研究入手，随后将重点集中在教师的自我认同与社会认同，他们认为教师认同是个人因素与社会因素共同作用的结果。② 教师的认同包括教师的自我认同、专业认同、角色认同、专业角色认同等方面，

① 王成兵：《当代认同危机的人学解读》，中国社会科学出版社，2004，第19~31页。
② 沈之菲：《近十年西方教师认同问题研究及启示》，《上海教育科研》2005年第11期。

这些方面是互相联系在一起的，其中，教师的自我认同是教师认同的核心。对于教师自我认同的合理界定，需要我们关注到教师及其群体的价值、意义、身份和角色等，需要我们从教师的生存状况和生活世界出发，唯有这样，我们才能更完整、全面地理解教师的自我认同。

事实上，自我认同其实是用"主我"（I）的眼光去审视"他者"（others），是以"我"为圆点去看待他者。一般而言，"主我"与其审视对象——他者之间的关系可以分为两个向度：就纵向而言，涉及"主我"（I）与"客我"（me）的关系；就横向而言，涉及主我与非我的关系。前者是自我的一种自我深度感和向内感；而后者则是自我与他人之间的社会关系，更多的是主我与他者之间的相互影响、相互造就的关系，而认同就是这些关系中的"我"的位置感和归属感。教师的自我认同是教师用主我的眼光去审视他者，同样分为两个纬度：主我与客我（纵向）、主我与非我（横向）。前者是教师的一种自我深度感和向内感，是一种内在性认同，是教师依据个人经历所形成的、作为反思性理解自我，主要集中于教师主体性的研究，强调对教师自身的意义的反思；后者是教师集体认同与社会认同和教师自我的相互影响、相互造就，教师在集体认同与社会认同中的位置感和归属感。

教师的自我认同是教师个体一种内在化的过程，也是教师自我辨识的过程，其目的在于确立教师自己的"身份"，找到自己的"归属"，从而达到对"我是谁"的确认。教师的自我认同也是一种结果，它同样指向教师个体意义感、身份感与归属感的获得，指向教师对其专业价值、专业身份与角色的一种确认。

2.3.2　教师自我认同的研究边界

首先，教师的自我认同是一个主体性的问题，它是教师主体性的内在轨迹，是教师对"我是谁"的终极追问与确认，是教师对其内部深度存在的一种自我意识，它比较关注历史的向度，其核心是形成教师的自我意义感、身份感和归属感。其次，教师的自我认同是一种反思性的成就，它并非教师个体的先在特质，而是通过对其专业经历进行反思而生成的。教师对自我的反思性理解脱离不了日常专业生活的影响，教师的自我认同要关涉对日常专业生活世界的肯定，在片断性的专业实践中，教师通过叙事与反思，实现自我的确认。再次，教师的自我认同不仅具有内在的反思性，也体现了外在社会性因素的影响，体现了教师个体专业发展的动力品质。教师的自我认同关涉教师的羞耻感与自豪感，这些因素直接制约着教师的专业热情与专业发展的动力。而且，自我认同所注重的叙事与反思等特性，也蕴藏了教师专业发展的实现路径。最后，教师的自我认同关涉教师个体的内在道德根源，"我是谁"的终极关怀，也是对教师德性与德行的一种确认。总之，教师的自我认同表明的不仅是个体依据自己的专业经历所反思性地理解到的自我，还是在一个内在参照系统中由教师个体围绕理想自我，发挥自己的能动性，利用自己周围的资源去建构自我的过程。

对教师自我认同的研究归根是对教师主体性的研究，但它又不是单纯的主体性问题，涉及几乎包含所有影响教师工作、生活与学习的因素。影响教师专业实践与专业发展的社会因素、个人因素，都需要教师通过一种合理的认同，实现"理想的我"与"现实的我"的对话，实现教师"自我"与"他者"的对话，进而在沟通协商中，解决自身发展的动力问题与路径问题。然而，在我们的研究中，将会出现许多不同维度的教师认同概念，如教师的社会认同、自我认同、专业认同、价值认同、身份认同、角色认同、组织认同、积极认同、消极认同、合理认同、不合理认同等，在这些概念的背后，有认同的一般共性的特征。不管我们是否能够表述出来，或者说能否确认一种教师认同的体系或层级，这些概念的存在表明了教师认同的复杂性，也表明了教师多维认同的可能性与合理性。如何通过一种多维的视角，把它们呈现出来，或者说立足多维认同的视域，重新审视教师的专业实践与专业发展，这既是本书所关涉主题的研究初衷，也是本书所关涉相关研究努力做到的一种尝试。

需要特别指出的是，多维的视域，一定是有多个维度的，这些维度是立体的、交织的。我们在后续的一章将会集中探讨教师专业发展中的这种多维认同。然而，对于这样一种多维研究的设想，如何确立研究边界显得尤为重要。我们集中探讨的是教师的自我认同，因为认同归根是人的认同，所有的认同概念、认同维度，都需要人的反思性透射，"自我"与"他者"就是一种划分的维度，他者的认同包括了社会认同、集体认同、组织认同等，而自我的认同则包括了价值、身份、角色等方面的认同。从根本上说，教师的认同是教师个体或社会对教师这一专业活动（或者职业活动）的一种认同。我们的研究主要围绕教师专业实践与专业发展来探讨教师的认同问题，主要从多维的视角，以教师的"自我"维度来探讨教师的自我认同与他者认同，进而探讨教师专业发展的合理认同。

2.3.3 课改背景下教师的自我认同

在不断推进基础教育课程改革的过程中，教师面临着更高的专业诉求与挑战。从某种程度上说，只有教师的专业实践与专业发展能够做到与基础教育课程改革同步，才能真正促进基础教育的变革与发展。然而，教师参与并介入课程改革，往往会面临新的教学观念、材料和手段的挑战，往往会面临来自专业本身的发展问题，而合理的自我认同能够增进教师对专业实践与课程改革的理解，从而促进教师专业的自主发展。① 当"外来的"课程变革激烈地冲击着教师的日常教育实践时，教师开始逐渐察觉到自己的专业活动可能存在"问题",② 开始思考如何才能将某些改革的理念或原则实践于专业活动之中，从而促进教师专业的自主或自觉发展。迪南·汤普生认为在课程改革中教师需要对其专业实践进行某种"改变"。他将改变的类型分为表层改变和真确式改变，并认为从表层改变到真确式改变要经过三个环节：一是材料和活动的改变；二是教师行为的改变；三是包括价值、信念、情感和伦理在内的意识形态和教学思想的改变。只有达到第三个环节，课程改革才能取得成功，但实际上，多数课程改革很难达到这个环节。③

---

① Young, Jean H., "Teacher Participation in Curriculum Development: What Status does It Have?", *Journal of Curriculum Studies*, Vol. 21, No. 4, pp. 363 – 376.

② 王建军：《课程变革与教师专业发展》，四川教育出版社，2004，第107、160、154页。

③ Dinan Thompson, M. C., "Teachers Experiencing Auth Entic Change: The Exchange of Values, Beliefs, Pratices and Emotions in Interactions (OLJ)", 2001.

　　事实上，包括价值、信念、情感和伦理在内的意识形态和教学思想的改变，都要求教师重新体认课程改革背景下的教师专业价值、专业身份和专业角色，需要教师能够全面地对专业实践或活动进行反思性的探寻；教师行为的改变，受专业发展内驱力的影响，受合理的教学理念的支配，它是课程改革的内在要求和现实需要，它是教师在专业实践活动中时间和空间上的"自我注解"；材料和活动的改变则是学生发展和课程改革的基本要求，是前两条路径的具体展现方式。教师的自我认同，首先表现为教师专业的价值认同、身份认同和角色认同，它是教师专业发展内在动力的心理定位；其次表现为教师生涯的反思性自我，它是时空背景下教师专业发展的"自我注解"，反映了教师通过调节自身的行为，完成对课程改革的回应与适应。此外，课程改革对教师而言既是一种不断经历的过程，也是个体专业发展的一种外部环境与场域。教师的自我认同除了关注个人经历、经验世界和意义追寻之外，还需体认教师个体所处的社会与学校环境，教师的自我认同离不开对课程改革的反思性"注解"。

第三章　教师自我认同与专业发展的多维透视

　　教师的专业发展是当前教师教育以及基础教育的热点问题，亦是一个复杂的问题。说它热点，因为专业发展关涉教师个体与群体的规格质量，关涉课程改革与教育质量的提升，而专业发展的取向、动力、路径、模式等问题仍处在不断探讨与摸索之中；说它复杂，则因为教师的专业发展关涉复杂的社会因素、学校环境及教师个体的身心特征，它是在综合因素共同作用的情境下生成与发展的。教师的专业发展是教师找寻与确认自我的过程，教师自我的合理认同影响着教师专业发展的动力、目标与路径等问题。在多维的视域下，教师的自我认同与专业发展在不同的时空维度内，在抽象或具体的情境中，呈现"动静结合"的特征与规律。

3.1　多维透视的概述

3.1.1　何谓多维透视

　　教师的自我认同与专业发展是一个复杂的、发展的、交互的教育和社会问题，对这一问题的分析与认识，不能停留在简单的线性思维模式下，它需要一个多维的视域来重新透视其内在的特征与规律。我们对教师自我认同与专业发展的多维透视，主要从以下五个维度来认识与思考。第一，空间维度。教师不是游离的分子，不是抽象的存在，教师生活在社会与学校之中，在这个空间中，教师的自我认同与专业发展会受到社会性因素及学校组织的影响。在空间维度中，教师会呈现不同层面的认同，教师的社会认同、组织认同与自我认同是一个内在的统一体，尽管彼此间会有诸多冲突，但在这三者的交互中，教师确立着自身专业发展的坐标，确立着自身专业发展的目标、内容与途径等。第二，时间维度。教师的专业生涯并不简单地起始于职前所接受的高等教育，事实上，教师的专业生涯起始于教师不同的生活与学习经历。教师的生活是连续的，教师的专业实践是有时间跨度的，教师的专业经历是有过去、现在和未来之分的。在时间的纬度中，教师的专业发展呈现连续性与阶段性，而在不同的阶段，教师的自我认同与专业发展呈现不同的规律与特征。教师专业生涯的周期理论与职业锚理论，为我们进行教师自我认同与专业发展的相关研究提供了有益的借鉴与思考。第三，"情境"维度。在时空的动态变化中，教师的生活充满了情境性，教师总是在特定的场合中践行着自身的专业实践，教师总是在纷繁复杂的教学片断与场景中提升着自身的专业经验与能力。在教师自我认同与专业发展的情境性中，教师的专业实践充满了故事，教师总是在一个个精彩或令人反省的故事中实现着自我的叙述与反思，教师总是在具体的、可感的片段中，连贯着自身的专业经验与经历，实现着自身的专业发展。第四，"静态"维度。真正静止的状态是不存在的，但相对的静态能够让我们更好地认识事物。教师的自我认同可以人为地进行归类与划分，其目的在于更好地阐释教师自我认同的内在趋势。以教师自我认同的合理性与教师的主观态度为横纵坐标轴，把教师分为四类，即积极的合理认同、消极的合理认同、消极的不合理认同和积极的不合理认同。教师自我认同的这四种样态真切地影响着教师的专业实践与专业发展。第五，"动态"维度。教师的自我认同与专业发展是一个动态的过程，是一个不断变化、发展着的过程。教师的自我认同有其内在的发展轨迹，"新的认同的涌现，旧的认同的复活，现存的认同的变迁等等"。①教师总是在"认同——认同危机——新的认同"的动态过程中，不断地找寻与确认着反思性理解的自我。上述这五个维度，并不能代表所有研究的视角，但可以帮助我们在一个多维的视域下，透视教师自我认同与专业发展的内在规律与特征。这五个维度之间，有其内在的关联性，而且彼此之间相互渗透，共同影响着教师的专业实践与专业发展。

3.1.2 多维视域中"我"的线索

教师的认同以"我"为边界，可以分为自我与他我，"自我"是对"我是谁"的追问与确认，而"他我"是"他者眼中的我"。自我是他我的内在化，而他我影响着自我的存在。空间维度中的教师认同，即可以把社会认同与学校的组织认同归于他者认同，教师在自我与他者之间找寻与确认着"我是谁"，确

---

① Richards Jenkins, "Social Identity", *Routledge*, 1996（7）.

认与定位着教师的专业价值、身份与角色等。在教师不同发展阶段演进的时间隧道中，教师的自我认同与他者认同始终在进行着交互与协商，实现着自我与社会性的对立统一。

教师的自我认同是教师依据其专业经历反思性理解生成的自我。教师的自我认同与专业发展需要关照到教师的专业实践与专业经历，而在时间的维度中，教师的专业经历呈现连续性与阶段性的特征。教师专业生涯的周期理论注重对这样一种连续性与阶段性进行阐述与分类，而职业锚理论则侧重于确立不同阶段教师的发展目标与发展定位。事实上，教师专业生涯周期理论与职业锚理论有利于我们从新的视角，在时间维度解析教师的自我认同与专业发展。"我"的专业生涯与"我"的职业锚恰恰是教师专业经历不可或缺的东西，也是教师对其专业经历所进行的一种定位与思考，这些对教师的反思性理解而言，具有相当的针对性与指向性。

抽象地讲，教师的专业实践与专业经历存在于"情境性"之中，"情境性"是教师存在的样态。对于绝大多数教师而言，对"情境性"的感性或理性认识（可能感性的东西多一些），是其对教学专业反思理解的主要形式。教师不太能够适应，也不太能够实现，对教师专业价值、身份、角色等的意义阐释与追问。教师的经验性总是比教师的知识性或理论性，更能帮助教师进行专业实践，帮助教师实现自身专业能力的提升。这里不是说知识不重要，而是要说明经验的积累、经验的改组改造是教师专业发展中不能忽视的路径。因此，教师在时空转换中，借助"情境"实现着对专业自我的叙述与反思，实现着教师自我的合理认同，从而真切地促进着自身的专业发展。

至于"静态"与"动态"中教师自我认同与专业发展，则是对上述三种维度透视的进一步分析，其目的是要在静态中把握自我认同与专业发展的样态，在动态中把握自我认同与专业发展的轨迹，在"动静结合"中延伸我们对教师自我认同与专业发展的深度思索。

3.2 教师专业发展中自我认同的空间维度分析

斯特赖克认为，认同是自我的一部分，是个体所在不同的社会背景中与所占据的位置相关联的自我标定的内在化。这样，认同就成了连接个体和社会结构的关键纽带，因为认同是人们关于自身的标定，它与社会结构中的地位及在其中所扮演的角色紧密相连。① 教师的认同就是教师对其专业"自我"的一种确认，而教师的专业自我是由教师个体与社会因素共同协商而确立的。因此，自我认同是教师认同的核心，而教师的认同则可以包括自我认同与他者认同，这里的他者认同主要是指教师的社会认同与组织认同。教师的自我认同与他者认同之间相互影响、相互协商，在空间的维度标示着教师的专业价值、身份与角色等。

3.2.1 教师专业发展中的他者认同

3.2.1.1 教师的社会认同及现实境遇

教师的社会认同体现了社会、政府、公众对教师专业价值、

---

① 罗之仁：《从斯特赖克认同理论与特纳角色理论看大学生社会定位》，《湖北民族学院学报》2004 年第 5 期。

身份与角色等的体认与定位，它更多地表现为社会对教师的身份规约与角色期待。教师的社会认同制约着教师专业的社会地位、经济地位和职业声望等。在相当大的程度上，教师专业的外在价值（物质待遇、经济报酬、社会地位等）更多地是由社会（政府）所赋予或实现的，教师社会认同的合理与否，直接影响着教师专业发展的外部动力系统。一旦社会对教师专业的认同不准确或者不合理时，教师专业必然面临前所未有的困境。反之，教师的社会认同是合理的，则会极大地改善教师的外部生存空间，促进教师的专业发展。然而，教师的社会认同不可避免地立足于教师专业的社会功能，立足于教师专业的身份规约与角色期待，对教师个体而言势必会造成一定的冲突与认同危机。

当前我国教师社会认同的现状不容乐观，尽管尊师重教的风气古已有之，国家在近些年也非常重视改善教师的职业生存状态，但是由于教师所从事职业的特殊性，且地域、学校间的不均衡发展，相当一部分教师对其外部生存空间并不满意。社会、政府与公众往往站在社会本位的取向上，对教师及其专业实践有诸多的身份规约与角色期待，强调教师的奉献，而缺乏对教师专业的全面体认，忽视教师专业的内在价值与生命价值，造成了教师专业的尴尬。至尊的道德地位与卑微的经济报酬相悖，学为圣贤的人格追求与清贫寂寞的物质待遇反差，甘为人梯的默默奉献与生命价值的消磨牺牲矛盾，社会的高期待、高评价与低选择、低定位背离。[1] 在如此这般的外部认同空间下，

---

① 阮成武：《教师专业形象的价值取向与现实建构》，《高等师范教育研究》2002 年第 6 期。

教师专业发展的外部动力系统遭遇到了相当大的阻力。

3.2.1.2　教师的组织认同及现实境遇

教师的组织认同，是教师对所在学校组织的一种认同，它体现了教师对所在组织所持有的理性的契约感和责任感，以及非理性的归属感和依赖感。这里的组织认同包括两个因素：第一个因素是，团体内（in - group）属于该共同体的一种成员资格；第二个因素是，团体外（out - group）与我们不同的"他者"的存在。任何共同体都是在和其他共同体的比较中认识自身的。① 教师所处的学校内外环境、所处学校组织的层次与水平，直接影响着教师的组织认同及其专业实践。一般而言，好的学校、好的组织能为教师的专业发展提供更好的平台，教师也往往会形成一种对该学校组织的归属感与责任感，往往会更好地体认与诠释教师的专业价值、身份、角色等。教师的组织认同会影响到教师的专业实践与专业经历，这也就为教师个体的自我认同提供了不同的外部空间。

事实上，教师的专业发展在相当大的程度上取决于其职后的专业实践与专业经历，而学校则提供了其专业实践的生活世界。学校的组织文化、氛围风气、组织结构、师资队伍及各具特色的管理模式等，无不影响着一个教师专业经历的起始，影响着这个教师的教学风格、教学能力及其对教学专业的感悟等。良好的组织认同对于学校与教师个体的发展而言，不仅可以激

---

① 李明、曹用、商永：《浅议集体认同的缺失与美欧矛盾》，《国际关系学院学报》2005年第2期。

发其发展的动力系统，而且能够导引一种共同体模式的专业发展。因此，教师的自我认同与专业发展深受其所在学校组织的影响，组织认同影响着教师的专业自我与专业发展。然而，当前我国的中小学发展存在严重的不均衡问题，如东西部的区域不平衡、城乡学校二元结构的不均衡、重点学校与薄弱学校的校际差距等。这些问题的存在，再加上不同学校间的领导与管理模式的差异，教师个体的专业生存环境存在较大的差别，这些都影响着教师自我认同与专业发展的外部空间。

3.2.2　教师的自我认同与他者认同

教师的社会认同与组织认同影响着教师专业发展的外部空间，影响着教师专业发展的外部动力系统。作为相对于教师自我的他者，社会与学校组织对教师的认同主要体现在教师的专业价值、身份与角色等方面。

3.2.2.1　教师自我认同与他者认同在价值层面的交互与协商

认同问题归根到底是一个价值问题，认同问题的提出源自于作为社会主体的个人对于自身生存状况及生命意义的深层次追问。对于教师的价值而言，它最为普遍的一种分法是分为社会价值和主体价值两个基本方面。教师的社会价值是指对于社会、服务对象等的外在价值，包括政治价值、经济价值、文化价值等；教师的主体价值是指对于教师自身的意义与内在价值，包括实用价值、精神价值和生命价值等。社会和学校更多地重视教师的社会价值，会在不同程度上忽视教师的主体价值。根据萨帕的职业价值分类，可将教师的价值分为：一是教师内在职业价值，是指与教师职业本身有关的一些因素，如"教书育人"的创造性、独立性等；二是教师外在职业价值，是指与教师职业本身性质无关的一些因素，如工作环境、同事关系、领导关系及职业变动性等；三是教师职业的外在报酬，包括教师职业的安全性、声誉、经济报酬和职业所带来生活方式等。教师内在职业价值直接指向教师理想的工作状态，而外在职业价值则指向一般意义上的教师工作状态。根据施恩（Schein E. H.）的职业价值分类，^① 可将教师职业分为：教师外职业价值和内职业价值。教师外职业所蕴含的价值较易被认知，主要体现在教师职业的地位与吸引力，旁观者对于教师职业的理解可能更多地停留于外职业的层面。相对而言，教师内职业蕴含的价值则难以被认知和体验，主要是指教师职业内在的价值，往往表现在职业情感的积极体验和职业意志的有效提升。

教师的他者认同更多地会侧重于教师的社会价值、外在价值，它是一种社会本位的价值取向。教师的自我认同则不仅关注教师的社会价值、外在价值，如经济报酬、职业声望与安全、工作环境、领导与同事关系等，也关注教师内在的生命价值与发展价值，如理想工作状态的追求、内在的创造性与独立性等。应该说，"我们认为教师作为个人和职业者，他们的生活和工作是受到教室内外和学校内外的因素和条件的深刻影响的"。^② 教师的他者认同与自我认同应共同关注教师价值的全部内涵，这

---

① 施恩：《职业的有效管理》，生活·读书·新知三联书店，1995，第 1 页。

② Goodson, I. F., Cole, A. L., "Active Location in Teachers' Construction of Their Professional Identities", *Journal of Curriculum Studies*, 1993, 31 (6), pp. 711–726.

样的交互与协商才会迸发出巨大的发展动力。但国内外不少研究发现，公众对于教师职业普遍缺乏正确的认识，"学生、家长、管理者和社会都没有把教师当作专业人员来给予他们必要的尊重"；"教师失败时常遭到责骂，取得成功时却得不到任何的奖励"。[①] 在现实的外部空间中，社会、政府、公众、学校等缺乏对教师价值的全面体认，这不仅影响着教师专业价值的实现，也影响着整个教师队伍的生存状态。

教师是一个活生生的工作者，而后才是被赋予诸多身份规约与角色期待的专业人员。教师的他者认同不仅要关注到教师社会价值层面的东西，更要关涉教师主体生命价值的实现，只有在良好的外部空间中，教师这个职业或专业才会更具吸引力，教师的专业发展才能获得更大的动力支持。对于教师的自我认同而言，我们在不满或抱怨主体生命价值未被充分认同的同时，也要清醒地知道，真正的专业自我并不在于教师的外在社会价值，而是潜藏在教师的教学生活之中，潜藏在教师的专业实践之中，在教学中能够感受到快乐的教师才能更好地找寻与确认"我是谁"，才能更好地实现自身的专业发展。

3.2.2.2　教师自我认同与他者认同在专业身份层面的交互与协商

教师专业知识与能力的内涵与标准以及相应的专业自主，往往是由学术界与教育行政部门予以界定的，教师是"被要求"

---

① Barry A. Farber, *Crisisin Education: Stressand Burnoutinthe American Teacher*, Jossey - Bass Publishers, San Francisco Oxford, 1991.

符合一套既定的专业标准。于是，在教育改革中，教师对于自己身为教师的意义、价值与行动等的界定，对自己身份的认同，都是不被关心的。[①] 然而，专业身份的认同是决定教师做些什么的最基本的一部分，教师的身份认同是教师工作动力的基本源。所以教师的专业发展所关心的不能停留在有关"专业"的描述与规约性意义上，而应关注"教师的专业身份"，重视教师专业生命中的自我认同问题。教师对专业身份的认同是与外部空间的社会与学校交互协商而建构生成的。因为，身份是流动的，也是变化的，不是一个可以自我决定的概念，需要自我认同和他者认同的交互与协商。对于教师的"专业身份"需要从以下两个方面去把握。一方面是对身份的自我认同，任何一种社会身份都具有独特的功能和价值，这种功能和价值在社会互动过程中通过他者对自身的角色期待，实现对自身身份和利益的定位。另一方面，这种身份是自我认同和他者认同的统一。身份必须由互动所产生的结果建构起来，单方面的努力是不可能实现建构的，它必须依赖自我和他者在互动中的共同作用。只有他者认可了自我身份，自我身份最终才能得到社会承认，成为社会身份，并由此获得相应的权力和利益。[②] 教师专业身份的确认就是这两个方面的交互影响，就是自我认同与他者认同的有效协商。

事实上，教师的身份认同是指教师自我对社会所界定的教师内涵的认知与体验，确认自己作为一位教师，允诺和遵从作

---

① 周淑卿：《课程发展与教师专业》，甘肃文化出版社，2005，第77页。

② 曲正伟：《教师的"身份"与"身份认同"》，《教育发展研究》2007年第4A期。

为教师的规范准则，把教师专业作为自己身份的重要标志。① 当教师要确认自己的专业身份时，就是要辨识自己异于其他教师，或同属于教师群体的特征，换言之，即是教师个体对内在专业自我的追求与确认，这个过程就是教师的自我认同。因此，教师的身份认同就是教师"自我"的建构历程，就是教师依据其过去、现在与未来的专业经历来反思性地建构自己的专业自我与专业身份，它是教师对其专业经历与专业经验的诠释与再诠释的持续过程。在这个过程中，教师的自我认同与身份确认涉及教师个体的知识、价值、情感取向等，它是透过与外部空间的他者的交互与协商而建构生成的。

教师专业身份的追问与确认是一个漫长且变化的过程。教师先前的生活与学习经历、职前接受的教师教育都影响着教师对专业自我的认识与定位；教师在学校场域内，在对专业实践与专业经验反思理解的过程中，逐步地确认着自己的专业行为取向与专业发展目标；教师在外在的社会规约与改革的趋势背景下，不断地诠释与协商着自身对"教学专业"的体认，不断地探索着自身的专业身份定位。因此，教师的专业发展归根是教师对"教学专业"的一种身份确认，是对这样一种专业身份所对应权利、义务、责任与角色等方面的合理辨识与主动建构，是对履行这样一种义务与责任所应具备的专业知识与能力素养的全面提升。

3.2.2.3 教师自我认同与他者认同在角色层面的交互与协商

教师角色主要是指教师所具有的与其社会地位、社会身份

---

① 张军凤：《教师的专业身份认同》，《教育发展研究》2007 年第 4A 期。

相联系的被期望行为。教师角色不仅反映教师的社会地位及身份，而且体现教师的个体心理、行为与群体心理、行为及规范之间的相互关系。[①] 长期以来，教师专业发展的诉求是为了学校和社会的改善，社会赋予教育何种功能，教师自然要成为某种规制的角色。[②] 以社会化的角度而言，"成为一个教师" 即是成为他者期望中的角色，具有他者所认定的知识与技能。因此，教师的专业角色大多是由外在的他者所赋予的，教师的专业实践就是在努力地塑造着他者眼中所认定的 "教师"。这样的角色期待有利于社会与学校等外在的他者对教师的一种限定与控制，进而有利于其控制和影响学校的教育实践与教育结果。但是，当我们一味地以外在的角色期待要求一个教师时，这些角色期待往往会掩盖了教师真实的自我，而使得教师的专业实践与专业发展受到较大的限制与约束，这往往就会造成教师诸多的角色冲突，使教师陷入左右为难的困惑之中。

教师的角色期待与角色行为是否会造成诸多的角色冲突，关键是看教师能否形成或确认 "自我"，因为，如果一个人不能成功地明确自己是什么人、自己生活的目的以及如何对待他人这样几个基本问题，就会导致 "角色混乱" 以及各种人生挫败。[③] 此外，教师的角色期待与角色行为也要受制于社会需要和社会环境等外部因素。在复杂的社会活动中，由于个人往往需要同时扮演若干个角色，这些角色对个人均有不同的要求，当

---

① 黄甫全：《新课程中的教师角色与教师培训》，人民教育出版社，2003，第 11 页。
② 周淑卿：《课程发展与教师专业》，甘肃文化出版社，2005，第 84 页。
③ 舒志定：《教师角色辩护——走向基础教育课程改革》，浙江大学出版社，2006，第 80 页。

这些角色与个人的期望、要求发生矛盾且难以达成一致时，就会发生角色冲突。因此，在教师的专业实践与专业发展过程中，角色冲突以及由此产生的认同危机是不可避免的。学者吴康宁指出，"没有任何其他社会成员在群体中兼有的不同角色像教师在学校群体中兼有的角色那样形成鲜明对照，而且，也没有任何其他社会成员在群体中的角色转换像教师在学校中的角色的转换这样频繁。与之相伴的是教师在学校群体中的两种基本的'常套行为'之间的频繁碰撞和冲突，即在学生面前以居高临下为主，在其他教师面前以平等互尊为主；是教师在学校群体中的两种人格主体基本面貌之间的频繁比较与冲突，即在学生面前更多地表现为'作为教师的人'，而在其他教师面前更多地呈现为'作为人的教师'"。[1] 教师的角色冲突，以及由此而产生的认同危机，对教师的工作满意度、职业倦怠及身心健康等均有较大影响，这些都会直接影响到教师的专业实践与专业发展。

3.3　教师专业发展中自我认同的时间维度分析

　　Kelchtermans 认为教师专业发展的时间情境由教师个人生活经历与教学生涯构成。教师在某一时段的学习有其先前的经历，也有对未来的期望。过去、当下和未来构成了教师的工作时间。不少学者通过"叙事—传记"的方法对教师经验进行记述、对教师专业生活和教师生涯阶段进行了大量研究。这些研究展现的不只是一系列事件的时间线索，而是有意义的叙事建构；通

---

① 　吴康宁：《教育社会学》，华东师范大学出版社，1998，第 205 页。

过反思，教师将其体验建构为有意义的故事，同时也不断地建立和再建立教师身份以及教学理论。[1] 在时间维度的层面，在对教师过去、当下和未来的专业历程的叙述与反思中，教师的自我认同与专业发展呈现典型的连续性与阶段性特征。而在不同的发展阶段中，教师"自我"的定位、规划以及由此衍生的专业实践与专业情意也呈现内在的特性与规律。

3.3.1　基于专业生涯周期的教师自我认同及专业发展

3.3.1.1　教师专业生涯的周期与教师的自我认同

教师专业发展是一个动态的、伴随专业生涯始终的过程。在牛津英语词典中，生涯被定义为：一个人的生命的历程或进步。教师的专业生涯就是教师教学专业实践的生命历程与不断的专业发展。教师的专业生涯也是教师专业经历顺次相连的全部事件的总和。教师的专业生涯是教师个体的行为经历与教师专业经历相契合的过程，在这一动态过程中，教师个体始终在追问着"我是谁"和"教师是谁"，并力求通过自己的专业实践建构与生成真正的自我。

对大多数教师而言，专业发展都将经历六个阶段，即准备期、探索期、适应期、创新期、维持期和衰退期。准备期主要是教师以往的生活经历与学习经历，它为教师后续的职业选择和专业发展奠定了早期的生活经验与知识储备，它是教师自我

---

① Kelchtermans, G., "CPD for Professional Renewal: Moving beyond Knowledge for Practice", In C. Day & J. Sachs (Eds.), *International Handbook on the Continuing Professional Development of Teachers*, Maidenhead: Open University Press, 2004, pp. 217 – 237.

认同内在深度感的一种延伸，这些经历、知识与经验等往往对教师后续的专业生涯会产生潜移默化的重大影响。在探索期，教师基本形成了对"教师专业内涵"的理性认识，但这时更多地受到外部空间社会性因素的影响，对"教师是谁"的认识往往更侧重于他者认同的身份规约与角色期待，这个阶段是教师专业价值、身份与角色内化的过程，他者的合理认同在这个阶段尤为重要。在适应期，经过相应的教师教育或教师培训，教师在自己的专业实践中践行并开始反思自身的专业价值、身份与角色等，这一时期是教师积累专业经验、增强专业能力的关键期，也是教师自我反思理解的关键期，在这个阶段教师往往会产生专业发展上的分化，教师自我认同的合理与否，直接影响到教师专业发展的动力、目标与路径。在创新期，教师通过对自身专业经历与专业经验的反思，找到了自我认同的教学模式与教学风格等，这是教师专业发展的黄金期，也是教师自我认同的成熟期，在专业实践中教师往往能够合理地确认自我，能够产生积极的专业意义感、身份感等。当教师的专业发展到维持期，由于知识与经验的积累，达到了一种稳定的状态，发展速度缓慢，教师遭遇到不同程度的自我认同危机。认同危机意味新的认同，在这个阶段，教师处于自我和专业的再定向阶段。在教师专业生涯的最后阶段，即衰退期，由于体力与精力的下降，教师从一个积极的参与者到完全退出教学工作，教师的自我需要找寻到一种新的、积极的合理认同。

3.3.1.2　教师的专业生涯与教师的内在深度感

教师的专业生涯是教师专业经历顺次相连的全部事件的总

和，而教师专业经历则是教师专业发展历史向度的成长轨迹。在教师专业生涯的不同阶段，教师的经历呈现不同的内涵与特征，而在每一阶段的教师经历中则包括教师个体与教师群体的一连串事件与故事。因此，教师的专业生涯可以看作是，由教师在学校生活世界中所发生或演绎的事件与故事串联组合而成。对教师专业生涯的回顾，就是对不同阶段教师所参与或经历的教学事件与故事的一种反思与诠释，就是对教师专业经历的一种深度描述。身处不同阶段的教师，其相应的专业经历与专业经验是有所不同的，而透过这些经历与经验，教师也在进行着专业发展的自我定位。不同阶段的教师对专业知识与技能，对学生、教学内容与教学手段所持有的理解是有所差异的，教师要能够在与自我、与他人的对话中，反思自己的专业发展。这些都需要教师重视对自我内在深度感的一种观照，重视对自身教学经验的反思理解。

教师的专业经历既包括教师的教学经验、教学事件与故事等，也包括教师的个人生活经历与经验。在这些经历中，教师个体通过他的历史来叙述他的成长，在这样的经历中，教师个体反思性地生成着自我。因此，在教师的专业发展中，我们要重视专业生涯的时间跨度，重视教师专业经历中的内在深度感，重视对教师专业经历的叙事与反思。我们需要在对教师专业生涯进行深度描述的过程中，在对教师专业经历的叙事与反思中，促进教师的专业发展。

3.3.1.3 "新手—熟手—专家"教师的自我认同与专业发展

"新手—熟手—专家"是教师专业生涯的一种发展轨迹，它未必是按照固定的时间顺序展开，但能够反映教师教学专业的发展态势。因此，近年来关于"新手—熟手—专家"教师方面的研究日益受到关注。人们试图通过对这三个阶段教师的比较研究，找到他们之间存在的差别，从而探索出专家型教师或研究型教师的成长规律，以期为教师教育提供新的理论基础与科学依据。综观已有的研究，"新手—熟手—专家"作为一个动态发展的过程，不同阶段的教师在知识结构、教学技能、教学问题解决、教学行为等方面存在显著的差异，在专业情意、处理职业压力等方面也有自己独特的表现。已有研究还表明，"新手—熟手—专家"教师之间存在过渡的中间阶段，而且身处其中的教师会展现出不同的专业发展取向，并非所有的教师都沿着这一轨迹发展，相当一部分教师会停留在"熟手"教师阶段，甚至是"新手"教师阶段。

"新手—熟手—专家"教师的差异不仅体现在专业理性层面所关涉的知识、能力和对教学实践的理想思考，也体现在教师身处三个不同阶段所伴随的自我体验。处于三个不同阶段的教师对教学专业的认识与理解、对教学实践与教学经验的叙事与反思，也呈现显著的差异。"我是谁""我身处何处"及"我要如何实现理想的自我"，这些问题同样伴随在"新手—熟手—专家"教师的专业实践与专业发展的过程之中。对于"新手—熟手—专家"教师而言，确认与追问"我是谁"，就是在不断地反思理解自我的意义感、身份感、归属感与角色观等，以及与之呼应的工作满意度、职业倦怠等。专家型教师在专业理性、专业情意方面均显著强于新手型和熟手型教师，专家型教师明显处于积极、合理的自我认同状态。在抽样访谈中，几乎所有的专家型教师都认为教师的追求不能仅仅是经济上、物质上的，还应该考虑在教学中如何实现自我的价值。他们在教学工作中，不断进行反思和总结，认为"自己最适合的就是当教师"。他们往往能够全面、深刻、生动地对教育教学工作中那些有价值的东西进行叙述，他们乐此不疲地对教学实践与教学经验进行反思和理解。与他们相比，新手型教师对教学专业的认识与思考、对自身专业发展的定位，还处于一种选择性的阶段与状态之中，他们的身心交织在自我与社会性因素的互动之中，对教师专业价值、身份、角色等问题的理解还不成熟、不稳定，在教学实践中往往容易出现情绪波动，自身专业发展的主体性地位尚未确立，更注重外部空间的规约与认同。熟手型教师则是教师专业发展的关键期，也是教师专业发展的分水岭，这个阶段的教师对专业自我有了较为稳定的认识与思考，但在自我认同方面呈现不同的状态，自我认同的合理与否、积极与否，影响着他们的专业实践与专业发展。因此，在教师专业发展的过程中，我们要针对不同类型教师的特点，促进每一位教师自我的合理认同，使新手型教师尽快成长为熟手型教师，也使熟手型教师尽快成长为专家型教师。

3.3.2 基于不同阶段职业锚的教师自我认同及专业发展

3.3.2.1 教师的职业锚

职业锚是由美国麻省理工学院斯隆管理研究院心理学教授施恩提出的。[1] 他在其"职业动力论"研究中最早使用"职业

---

[1] 施恩：《职业的有效管理》，三联书店，1995，第 127～129 页。

锚"的概念。他认为职业生涯发展是一个持续不断的探索过程，在这一专业发展过程中，每个人都在根据自己的天资、能力、动机、需要、态度和价值观等慢慢地形成较为明晰的与职业（或专业）有关的自我概念。职业锚就是个体对自己在成长过程中慢慢形成的态度、价值观与天赋的自我认知，它体现了个体"真实的自我"。职业锚理论的核心就是对专业自我的明晰与确认，进而对自我的专业发展进行种种的规划与设计。

教师的专业生涯是一个持续不断的探索过程，教师的专业发展需要职业锚，需要对专业自我进行确认与反思，需要有适宜自身状况的专业规划。教师的专业规划是依据自我的个人经历而动员起来的、准备未来行动进程的手段，它与教师个人的专业生涯周期密切相连。在一定意义上说，教师的职业锚是自我认同的结果，不同类型、不同程度的职业锚，就是不同类型、不同程度的自我观。每一个教师都会依据自身的专业经历与专业经验，依据个人的动机、需要和价值观等，不断反思性地确认自我，进而对自己的专业实践与专业发展进行规划与设计。从时间的维度，教师的专业发展对应着过去、现在和未来的经历与经验，对应着不同阶段的专业规划与设计。过去、现在与未来的时间跨度，不仅影响着教师自身的知识与能力素养，更影响着教师教学专业身份的确认，影响着教师不同阶段的职业锚。职业锚的确立就是教师在自身专业发展的不同阶段对自我的追问与确认，对相对此阶段的过去专业经历与经验的一种反思性理解，对当前阶段"现实自我"的一种反思性定位，对未来"理想的我"的一种专业规划。

3.3.2.2 不同阶段的职业锚与教师的自我认同及专业发展

职业锚由三部分构成：第一部分是自己认识到的自己的才干和能力（以实际成功经历为基础）；第二部分是自己认识到的自我动机和需要（以自我感知和他人反馈为基础）；第三部分是自己认识到的自己的态度和价值观。职业锚不是固定不变的职业定位与规划，而是一个不断发展变化的动态过程。职业锚发生于早期职业阶段，个人在其专业实践中逐步积累了相当的工作经验后，重新审视自身的价值、动机、需要、能力等，在外部空间的反馈与自我的反思的基础上，个人开始明晰了自身的职业定位与专业发展方向。在专业生涯的不同时期，个人的职业锚呈现不同的特征。在专业生涯初期，个人已经开始逐步确立职业锚，但由于自身的经验与自我的意识尚不明晰，个人主要是进行职业定位与职业规划；个人的专业生涯中期是职业锚确立的关键期，在这个阶段个人开始逐步积累与内化自身的专业经验，在自我反思与外部反馈的交互中，个人基本形成了较为稳定的"自我观"，个体的职业锚也就展现出了不同的发展类型与发展态势；到了专业生涯的后期，个人的职业锚也会随着外部环境的变化，以及自身的专业发展，在稳定的基础上发生某些方面的转变，甚至会重新确立自己的职业锚，这会直接影响到他的专业实践与专业发展。

教师的职业锚同样受教师自身与外部社会性因素的双重影响，是他者认同与自我认同的沟通与协商。不同的教师会以不同的方式度过专业生涯，有的是确立了自身合理的职业锚，而有的则是随波逐流。确立了合理职业锚的教师，在通常情况下，需要经历一个比较漫长的过程，需要不断地确立与反思教师的自我概念，需要不断地确立与反思自身的种种专业规划与设计。教师职业锚的确立离不开教师自身的专业经验（或经历），离不开对自我与外部社会性因素的反思（或反省），离不开自身的专业发展定位与规划。在教师专业生涯的不同时期，教师的职业锚同样展现出不同的特征与规律。

教师的职业锚起始于教师以往的学习经历与生活经历，在以往的学习与生活中，个人逐步形成了对教师的认识与理解，但更多的是一种外部社会性因素的反馈，对教师职业外价值与外部规约的一种体认。当个人进入教师这个行业时，教师自我的意识不断增强，逐步确立自身的职业锚。在专业发展的初期，教师所习得的工作经验及其内在体验会促使他重新反思性地理解教师的专业价值、身份、角色等，在外部他者的评价反馈中，教师个体开始对教学专业进行定位，逐步对自身的专业发展进行规划。一般而言，成功的专业经历与良好的外部反馈，有助于教师积极地确立自身的职业锚。而且，教师的个性特征也会在这个阶段逐步渗透到工作实践之中，并经由自我的反思与外部的反馈而加以确认。在专业生涯的中期，教师依循着个人的需要、动机和价值观，在专业实践中逐步确立自己的专业追求与抱负，并且逐步确立不同的专业定位与发展规划。在这阶段，教师开始进行"抛锚"，认识并意识到自己具有什么样的能力，"理想的自我"是什么，"现实的自我"怎样，自己的专业发展处在何处、朝向何处等。教师的自我观与专业规划决定了教师的教学生活与工作效能，决定了各自的教学风格与教学特长，决定了教师各自专业发展的分化。到了专业生涯的中后期，教师各自形成的职业锚会影响到他们的工作实践与业绩，此时的职业锚处于一个稳中求变的过程中。对于前期已经"抛锚"的教师而言，此时的他们不断反思性地调整着自身的专业定位与专业规划，使其能够反映"真实的自我"，并且能够持续地增强自身发展的动力。而对于前期"抛锚"不成功的教师，此时的他们将很难体会到工作带来的成就感与意义感，在心灵的煎熬中，他们需要重新进行专业的定位与规划。

事实上，职业锚的确立需要教师能够清晰地回答三个问题，即"我要干什么"、"我能干什么"和"我为什么干"，这三个问题是"我是谁"的进一步延伸，其根本就是要使教师反思性地生成专业发展的"自我观"。因此，教师自我的合理认同有利于教师职业锚的确立，有利于激发教师专业发展的动力。而职业锚的逐步确立也是教师专业发展的内在要求，它能够使教师不断反思性地理解自身的专业经历与经验，形成合理的自我观，从而极大地激发教师的教学热情与自主发展的动力。同时，教师的合理"抛锚"也能够使学校了解和掌握教师专业发展的类型与特点，从而有效地导引教师的专业发展路径。

3.3.3 "自我更新"取向教师专业发展不同阶段的自我认同

我国学者白益民认为，所谓"自我更新"取向教师专业发展，是指教师具有较强的自我专业发展意识和动力，自觉承担专业发展的主要责任，激励自我更新，通过自我反思、自我专业结构剖析、自我专业发展设计与计划的拟订、自我专业发展计划实施和自我专业发展方向调控等实现自我专业发展和自我更新的目的。[①]"自我更新"取向教师专业发展强调教师的主体性发展，关注教师的自我专业发展意识，重视教师自我的反思、规划与调控，这些理念与教师专业发展中的自我认同不谋而合。教师专业发展中的自我认同是教师在其专业实践中，依据其专业经历所形成的反思性理解的自我，是教师对专业发展内涵的主动辨识与建构生成，它强调教师专业价值、身份与角色等的主动辨识与建构生成，内在地关注教师的反思性自我，关注教师对其专业经历的反思与规划。因此，我们可以借鉴"自我更新"教师专业发展理论的阶段划分以及职业锚的相关理论，分别探讨教师专业发展中自我认同在"非关注"、"虚拟关注"、"生存关注"、"任务关注"及"自我更新关注"五个阶段的特性，从而在动态的过程中把握教师专业发展中的自我认同，分析教师专业发展不同阶段自我认同的诸多影响，以便更好地促进教师的专业发展。

3.3.3.1　"自我更新"取向教师专业发展的阶段划分

（1）教师专业发展阶段的划分标准及其框架

关于教师专业发展阶段的划分标准及其框架的相关研究，目前大致可归为五类：职业/生命周期标准及其框架、心理发展标准及其框架、教师社会化标准及其框架、"关注"标准及其框架和综合标准及其框架。[②]

---

① 白益民：《教师的自我更新：背景、机制与建议》，《华东师范大学学报》（教育科学版）2002 年第 4 期。

② 叶澜、白益民、王枬、陶志琼：《教师角色与教师发展新探》，教育科学出版社，2001，第 243～264 页。

职业/生命周期标准及其框架研究是以人的生命自然的老化过程与周期来看待教师的专业发展过程与周期。尽管这类研究并不是绝对简单地把生命的自然成长周期直接用于解释教师的职业发展，但其分段的划分以生命周期为标准，故最终结果是在人的生命周期的框架下对教师职业成长过程进行描述的。心理发展标准及其框架研究，从心理学的角度探讨了教师专业发展与心理发展基础之间的联系，与职业/生命周期框架比较而言，在很大程度上摆脱了教师专业发展水平与教师的生理年龄之间的对应关系，开始研究心理发展阶段或水平与教师专业发展之间的关系。这样，不同年龄的教师只要心理水平接近，仍可能达到相同的专业发展水平，而这种理论框架能够较好地解释教师专业发展中的实际情况。教师社会化标准及框架研究，从教师作为社会人的角度，考察其成为一名专业教师的变化过程，它实际是研究教师的角色适应和角色冲突的解决过程。我国的教师和教师教育研究者受教师专业社会化研究框架影响较大，在分析教师的职业成长过程中多采用这一框架。"关注"标准及研究框架研究，主要侧重于探究教师在由非专业人员成长为专业人员过程中，不同时期所遇到的不同问题或所关注的不同焦点，这类研究是以教师的专业发展为主线的。综合研究标准及其框架突破了对教师专业发展单一维度的思维模式，提出应从多维的角度来综合分析教师专业发展的阶段。

我国学者白益民在分析比较上述五种分类标准及其研究框架的基础上，提出了"自我更新"取向教师专业发展的阶段理论。他认为，已有的诸种教师专业发展的分析框架均没有涉及教师自我专业发展的意识水平，而教师的自我专业发展意识是影响教师专业发展的重要因素，具有较强自我专业发展意识的教师关注自己的专业发展，对自己的专业发展负责，他们易于成为"自我更新"取向教师专业发展的履行者。

（2）缘何以"自我更新"取向教师专业发展阶段作为划分依据

教师专业发展中的自我认同就是教师依据其专业经历所形成的反思性自我，是对其专业发展内涵的主动辨识与建构，是对其专业价值、身份与角色等的主动辨识与建构，它是建立在教师对其专业发展的主动意识基础之上的。教师对其专业发展的主动意识是伴随其专业实践与专业发展过程始终的，处于专业发展不同阶段的教师，其自我认同的内涵与特性是有所差异的，其遭遇的认同危机也有类别与程度上的差异，因此，在专业发展的不同阶段，我们都需要谋求教师专业发展中的合理认同，在合理认同的基础上，真切地促进教师自主的专业发展。由于，"自我更新"取向教师专业发展强调教师的主体性发展，关注教师的自我专业发展意识，重视教师自我的反思、规划与调控，这些理念与教师专业发展中的自我认同不谋而合。我们可以借鉴"自我更新"教师专业发展理论的阶段划分，探讨教师专业发展中的自我认同在"非关注"、"虚拟关注"、"生存关注"、"任务关注"及"自我更新关注"五个阶段的特性，从而在动态的过程中把握教师专业发展中的自我认同，在"自我更新"取向教师专业发展的不同阶段实现自我的合理认同，从而更好地促进教师的专业发展。

（3）"自我更新"取向教师专业发展阶段的划分及其内涵

"自我更新"取向的教师专业发展论，主要从自我专业发意识所关注的重点与所达到的水平两方面展开研究。"自我更新"取向教师专业发展阶段理论，相对于以往的相关研究，能够提高教师对自我专业发展的反思意识与反思能力，能够帮助其更好地规划自己的专业发展，使其的专业发展处于持续的、主动的发展态势之中。"自我更新"取向教师专业发展阶段理论，把教师专业发展阶段划分为五个阶段，具体包括：第一，"非关注"阶段是指进入正式教师教育之前的阶段，可从一个人进入接受正式教师教育一直追溯到他的孩提时代；第二，"虚拟关注"阶段专业发展的主体（其身份是学生），至多只是"准教师"；第三，"生存关注"阶段主要是指入职初期阶段，它是教师专业发展的一个关键时期，突出特点是"骤变与适应"；第四，"任务关注"阶段是教师专业结构诸多方面稳定、持续发展的时期；第五，"自我更新关注"阶段教师的自我专业发展意识是一种自觉的意识，而且单纯地指向专业结构的改进和提高。

3.3.3.2 "非关注"阶段教师的自我认同

（1）"非关注"阶段教师的自我认同及其对专业发展的影响

"非关注"阶段可从一个人进入正式教师教育一直追溯到他的孩提时代。"专业发展"的主体是有从教意向者，他们只是有从教的潜在可能，还根本谈不上什么专业发展，更谈不上专业发展意识问题，所以把这一阶段称为"非关注"阶段。[1] 总的来

---

[1] 叶澜、白益民、王枬、陶志琼：《教师角色与教师发展新探》，教育科学出版社，2001，第278~282页。

看，在进入正式的教师教育以前，立志从教者在对教师专业发展"非关注"的状态下，无意识之中以非教师职业定向的形式形成了较为稳固的教育信念，具备了一些"直觉式"的"前科学"知识。这时虽谈不上教师专业能力的发展，但在与教师专业能力密切相关的一般性能力，尤其是语言表达能力、交往能力和组织管理能力方面为正式执教打下了一定的基础。

事实上，教师以往的生活经历与学习经历，为教师后续的职业选择和专业发展积累了早期的生活经验与知识储备，它是教师专业发展中自我认同内在深度感的一种延伸，这些经历、知识与经验等往往对教师后续的专业生涯会产生潜移默化的重大影响。在"非关注"阶段，个体很难形成对教师专业发展内涵的合理辨识与主动建构，更多地体现为一种朦胧、感性的体验，这却会影响到个体未来可能的专业实践与专业发展。哈里斯在对 150 名准备做教师的大学生进行调查后发现，有 120 人能够对自己难忘的老师做出生动的描述，31 人提及的是幼儿园至五年级的教师，55 人提及的是中学教师，14 人谈到的是大学教授。尽管这些教师给他们留下了深刻印象的原因有所不同，但都毫不例外地成为他们今后做教师的典范。① 教师专业发展中的自我认同就是在其专业实践中，依据其专业经历所形成的反思性理解的自我。这里的专业经历既包括先前的生活经历与学习经历，也包括对自身产生重大影响的他人的经历与经验。因此，教师应重视对"非关注"阶段生活经历与学习经历的反思

---

① 叶澜、白益民、王枡、陶志琼：《教师角色与教师发展新探》，教育科学出版社，2001，第 279 页。

性理解，重视对自身与他人的经验系统的反思性理解，在反思性理解中为将来可能从事的教学专业生涯打下良好的基础。

（2）"非关注"阶段教师的自我认同与职业锚

职业锚是由美国麻省理工学院斯隆管理研究院心理学教授施恩提出的。[①] 他在其"职业动力论"研究中最早使用"职业锚"的概念。他认为职业生涯发展是一个持续不断的探索过程，在这一专业发展过程中，每个人都在根据自己的天资、能力、动机、需要、态度和价值观等慢慢地形成较为明晰的与职业（或专业）有关的自我概念。职业锚由三部分构成：第一部分是自己认识到的自己的才干和能力（以实际成功经历为基础）；第二部分是自己认识到的自我动机和需要（以自我感知和他人反馈为基础）；第三部分是自己认识到的自己的态度和价值观。职业锚不是固定不变的职业定位与规划，而是一个不断发展变化的动态过程。职业锚就是个体对自己在成长过程中慢慢形成的态度、价值观与天赋的自我认知，它体现了个体"真实的自我"。职业锚理论的核心就是对专业自我的明晰与确认，进而对自我的专业发展进行种种的规划与设计。在一定意义上说，教师的专业发展是一个持续不断的过程，教师的专业发展也需要职业锚，需要对"现实的我"进行定位与反思，需要有适宜自身状况的专业规划。事实上，教师的职业锚是自我认同的结果，不同类型、不同程度的职业锚，就是不同类型、不同程度的自我观。每一个教师都会依据自身的专业经历与专业经验，依据个人的动机、需要和价值观等，不断反思性地确认自我，进而

---

① 施恩：《职业的有效管理》，三联书店，1995，第 127～129 页。

对自己的专业实践与专业发展进行规划与设计。

"非关注"阶段教师的职业锚就是对当前阶段"现实自我"的一种定位，对未来"理想的我"的一种专业规划。处于这个阶段的未来的教师，往往对教师的专业价值、身份与角色等专业内涵有着期待，往往会将对其产生影响的教师作为未来"教师形象"的一种参照。但是，由于自身的经验与自我的意识尚不明晰，此阶段职业锚的确立并不是一件简单容易的事情，但在此阶段就能够进行自我职业定位与职业规划，能够"立志于教"，能够主动辨识教师专业内涵的个体，往往在后续的专业发展中会迸发出更大的动力，在后续的专业实践中能够获得更大的发展。

3.3.3.3　"虚拟关注"阶段教师的自我认同

（1）"虚拟关注"阶段教师的自我认同及其对专业发展的影响

"虚拟关注"阶段专业发展的主体是接受高等教育的学生（在我国，主要是接受高等师范教育的学生），他们至多只是"准教师"。不仅他们自己这样定位，而且实际上在这期间他们周围的一切环境和活动安排也都是将他们作为师范生来看待的，即使在实习期间，他们也是"实习"教师，这使得师范生所接触的教师生活带有某种虚拟性。师范生缺少专业教师的体认，加上"虚拟的"专业学习环境，使得师范生的专业人员意识和自我专业发展意识十分淡薄。尽管在经过师范学习的实习期后，师范生有了自我专业发展反思的萌芽，但仍有"虚拟性"，是对虚拟教学环境中个人专业结构欠缺的反思。①

由于我国开放的教师教育体系尚未完全建立，高等师范院校依然承担着师资培养的主要任务。教师的"双专业"特性延伸到教师的职前教育，"学术性"与"师范性"的争论由来已久。所谓师范性可抽象为培养教师这一任务规定的特殊性以及教师的专业化成长，即对教师确有不同于其他专业和职业的特殊要求，具有"不可替代性"。② 师范性即指教师的教育专业性，不仅解决教师"如何教"的问题，还应解决教师"如何成长"的问题 。高等师范院校"师范性"的核心是怎样理解教师职业的性质及该职业对从业人员基本的而又不同于其他职业的一些特殊要求。③ 因此，在"虚拟关注"阶段，需要特别重视"准教师"对教师专业内涵的主动辨识，对教师专业价值、身份与角色的合理辨识，以及对教师专业理性与非理性的主动建构。在"虚拟关注"阶段，"准教师"自我认同的合理与否，影响到未来教师生涯的成功与否，影响到未来教师专业发展的知识与能力层面的储备，影响到未来教师专业发展的目标与动力问题。所以，在"虚拟关注"阶段，我们需要加强对"准教师"进行相关的职业指导与专业培训，使其能够对未来的教师专业生涯有一个较为合理的自我认同。

随着我国开放的教师教育体系的逐步完善，教师专业地位

---

① 叶澜、白益民、王枬、陶志琼：《教师角色与教师发展新探》，教育科学出版社，2001，第283页。
② 何凤升：《师范性与学术性：从对立走向整合》，《扬州大学学报》2001年第4期。
③ 叶澜：《一个真实的假问题"师范性"与"学术性"之争的辨析》，《高等师范教育研究》1999年第2期。

与经济报酬的不断提升，越来越多的非师范生会投身于教育事业。他们所处的"虚拟关注"阶段，往往不具有高师院校"师范性"的特色与优势，因此，对于这些"准教师"而言，更需要他们积极主动地对教师的专业内涵与专业发展进行合理辨识与主动建构，对教师"教学专业"价值、身份与角色等的合理辨识与主动建构。同时，对他们进行相关的职业指导与专业培训，使其能够对未来的教师专业生涯有一个较为合理的自我认同。

（2）"虚拟关注"阶段教师的自我认同与职业锚

不可否认，在"虚拟关注"阶段会有相当一部分的高师生并未将职业锚定位于教师，甚至会轻视或漠视教师这一职业，可能会对教师的专业发展产生错误的认识与定位。对于这些"准教师"而言，"虚拟关注"阶段抛锚不成功的经历，将会或多或少地影响到其未来的教学专业实践与专业发展。与之相反，对于在"虚拟关注"阶段抛锚于教师这一职业的"准教师"而言，在储备学科专业知识与提升素养的基础上，需要强化教学专业知识与技能，并且最为重要的是他们需要逐步明晰自身的天资、能力、动机、需要、态度和价值观等，需要慢慢地形成较为明晰的、与教师专业内涵有关的自我概念。在通常情况下，在"虚拟关注"阶段就能够确立其职业锚的准教师，都需要经历一个比较漫长的过程，需要不断地确立与反思教师的自我概念、自身的种种专业规划与设计。"虚拟关注"阶段职业锚的确立，离不开"准教师"的自我辨识，离不开"准教师"对教师专业内涵的合理辨识，离不开对其学习经验（或经历）的反思性理解，离不开对外部社会性因素的反思（或反省），离不开自身的专业发展定位与规划。事实上，"虚拟关注"阶段职业锚的确立，需要"准教师"能够较为清晰地回答三个问题，即"我要干什么"、"我能干什么"和"我为什么干"，这三个问题是"我是谁"的进一步延伸，其根本就是要使"准教师"反思性地生成专业发展中"自我观"。因此，在"虚拟关注"阶段，"准教师"自我的合理认同有利于职业锚的确立，有利于激发其专业发展的动力，有利于明晰其专业发展的目标，从而为即将到来的教师专业生涯打下坚实的基础。

3.3.3.4 "生存关注"阶段教师的自我认同

"生存关注"阶段指入职初期阶段，是教师专业发展的一个关键时期。这一阶段的突出特点是"骤变与适应"。这种环境的骤变从反面激起了初任教师强烈的自我专业发展的忧患意识，迫使他们特别关注专业发展结构中的最低要求——专业活动中的"生存"技能，尚谈不上对"自我更新"能力的关注及其发展。在这一非常态的教师发展时期，教师的自我专业发展意识虽然较强，但由于是在外在压力下以"被迫"的形式激起的，指向的内容主要是"生存"技能，如果教师对此没有较清晰的认识，这里的自我专业发展意识反而会对教师以后的专业发展产生不利影响。[①]

"生存关注"阶段是"准教师"到教师的重要转变期，一部分教师进入了能力建构期，他们对自身的专业发展充满了热情与活力，逐渐找寻到了属于自我的教学风格；另一部分教师则遭遇到专业发展的挫折，对专业的持续发展缺乏热情，不成

---

① 叶澜、白益民、王枬、陶志琼：《教师角色与教师发展新探》，教育科学出版社，2001，第 289 页。

功的教学经历与不合理的归因，使得他们故步自封，逐渐在教学实践中迷失了自我。处于"生存关注"阶段的教师，需要能够正确地对待诸多的身份规约与角色期待，能够有效地进行压力管理，克服基于不确定性而产生的焦虑。在"生存关注"阶段，教师需要能够合理地辨识专业发展的内涵，有效地反思自身经历的成功或失败经验，在反思中提高自身的专业能力，逐步使自身的专业水平基本符合教师的专业标准，使自己成为一名合格的教师。在"生存关注"阶段，教师需要正视专业实践与专业发展中存在的问题，合理地化解专业发展中的诸多危机，正确面对基于不确定性而产生的焦虑，注意克服基于过分焦虑而导致的工作压力以及职业倦怠。

3.3.3.5 "任务关注"阶段教师的自我认同

"任务关注"阶段是教师专业结构诸方面稳定、持续发展的时期。随着教学基本"生存"知识、技能的掌握，教师的自信心也日渐增强，由关注自我的生存转到更多地关注教学上来；由关注"我能行吗"转到关注"我怎样能行"上来。但这一转向在很大程度上受到职业阶梯、他人评价等某些外在因素的制约，这也同时反映着自我专业发展意识的强度还较弱，发展尚不成熟。教师对专业发展的重视，多是因为进修是专业的要求，是为了更好地完成教学任务，以获得职业阶梯的升迁和更高的外在评价。[1]

---

[1] 叶澜、白益民、王枬、陶志琼：《教师角色与教师发展新探》，教育科学出版社，2001，第 295 页。

在"任务关注"阶段，教师更多的是处于一种被动发展的状态之中，但主动意识越来越强，教师在自己的专业实践中开始反思自身的专业价值、身份与角色等。这一时期是教师积累专业经验、增强专业能力的关键期，也是教师自我反思理解的关键期。在这个阶段教师往往会产生专业发展上的分化。教师依循着个人的需要、动机和价值观，在专业实践中逐步确立自己的专业追求与抱负，并且逐步确立了不同的专业定位与发展规划。在"任务关注"阶段，教师开始认识并意识到自己具有什么样的能力，"理想的自我"是什么，"现实的自我"怎么样，自己的专业发展处在何处、朝向何处等。教师的自我观与专业规划决定了教师的教学生活与工作效能，决定了各自的教学风格与教学特长，决定了教师各自专业发展的分化。在这一时期，教师需要特别重视对自身教学专业经历与经验的反思性理解，重视在"空间情境"、"故事情境"与"问题情境"中不断地叙述自我、反思自我，强调与他人的对话与交流，重视教师专业发展的语言转向，在反思性的发展路径上，不断提升自身的能力与素养，以便更好地辨识与建构教师专业发展的内涵，增强专业发展的主动意识。但是，在此阶段需要注意教师在完成"任务"之后可能会形成的认同危机，重视引导教师如何从被动发展向"自我更新"的专业发展，如需要解决好中小学教师职称评定后，专业发展动力不强、专业发展目标不明的现象。

3.3.3.6 "自我更新关注"阶段教师的自我认同

在"自我更新关注"阶段，教师的专业发展动力不再受到外部评价或职业升迁的牵制，直接以专业发展为指向。教师已经可以自觉地依照教师专业发展的一般路线和自己目前的发展状况，有意识地进行自我规划。谋求最大程度的自我发展成为教师日常专业生活的一部分，成为一种专业生活方式，并且经常保持专业发展的"自我更新"取向。这一时期教师的自我专业发展是一种自觉的意识，而且单纯地指向专业结构的改进和提高。[①]

　　在"自我更新关注"阶段，教师通过对自身专业经历与专业经验的反思，找到了自我认同的教学模式与教学风格等。在专业实践中教师往往能够合理地确认自我，能够产生积极的专业意义感、身份感等。因而，这是教师专业发展的黄金期，也是教师自我认同的成熟期。在"自我更新关注"阶段，教师需要具备一定的叙述能力、反思能力、规划能力与适应能力，理性地审视自身的专业实践与专业经历，在日常的专业生活中找寻到自我的意义与价值。在"自我更新关注"阶段，教师仍然需要不断反思性地调整着自身的专业定位与专业规划，使其能够反映"真实的自我"，并且能够持续地增强自身发展的动力。在"自我更新关注"阶段，教师可以通过对其专业历程与专业经验的叙述与反思，在专业发展的语言转向中，在生动可感的专业故事中，在纷繁复杂的专业问题中，实现对教师专业内涵的合理辨识与主动建构，从而最大化地激发其专业发展的动力与热情，更好地促进其持续的专业发展。

[①]　叶澜、白益民、王枬、陶志琼：《教师角色与教师发展新探》，教育科学出版社，2001，第299页。

3.4　教师专业发展中自我认同的"情境"维度分析

后现代主义理论认为，认同往往会呈现"异质性的、流动性的和微妙的"[1] 状态。认同是一种破碎的、片段的认同，具有碎片性的特征。在时空的动态变化中，教师的生活充满了情境性，教师总是在特定的场合中践行着自身的专业实践，教师总是在纷繁复杂的教学片断与场景中提升着自身的专业水平与能力。教师的专业实践充满了故事，教师总是在一个个精彩或令人反省的故事中实现着自我的叙述与反思，教师总是在具体的、可感的片段中，连贯着自身的专业经验与经历，实现着自身的专业发展。教师的自我认同也散落于这些片段化的专业实践与专业经验之中，教师的专业发展要重视碎片的、片段的专业实践与专业经验。教师在时空转换中，借助"情境"实现着对专业自我的叙述与反思，实现着教师自我的合理认同，从而真切地促进着自身的专业发展。

"情境"顾名思义，情景与环境，而辞源上讲情境有两层意义：一是指景物、场景和环境；二是指人物、情节。情境是由主体选择或区分的高度组织起来的世界的一部分。情境，首先是指空间情境，即外部空间的场景与环境，不同的场景与环境会影响着人的行为，人身处其中与其交互影响；其次是指故事情境，即不同人物在各自的情节中生成着自我，故事与情境是水

---

① R. G. Donn, *Identity Crisis: a Social Critique of Postmodernity*, Minneapolis: University of Minnesota Press, 1998, p. 28.

乳交融的，情境中发生着故事，故事中展现着情境；最后是指问题情境，社会生活中充满了问题，不同的问题关涉不同的场景与环境，关涉不同的情节与人的行为。生活在"情境"之中的教师，同样身处空间情境、故事情境与问题情境之中。教师的自我认同与专业发展也是在"情境"中予以呈现，并在"情境"中被建构与生成。

3.4.1 生活在"空间情境"之中的教师及其自我认同

3.4.1.1 教师的"空间情境"

教师总是身处不同的空间情境，社会、学校、家庭是最基本的三种空间情境，教师在不同的空间情境中扮演着不同的角色，空间情境也赋予了教师不同的身份，在诸多身份和角色的规约与诉求下，教师对自我的观照也往往呈现鲜明的社会性与情境性。教师的日常生活往往在不同的"空间情境"中穿梭，并深受其制约与影响。教师所处的社会情境直接影响着教师外部价值的实现，影响着教师的符号系统与发展取向。不同国家、不同地区、不同区域的教师，在其专业实践与专业发展的过程中，深受社会情境性因素的影响。教师的学校情境是教师专业实践的核心场域，教师专业实践的点点滴滴、成败得失，教师专业情感的喜怒哀乐、酸甜苦辣等都是在学校情境中发生、变化着的。不同的学校情境对教师的专业实践与专业发展有着极其重要的意义。教师相当多的专业行为，不是在学校完成的，而是在家庭情境中发生发展的，教师的家庭情境也深刻地影响着教师的专业实践与专业发展。社会、学校与家庭情境呈现极大的差异性与不均衡性，这样一种特性也影响着教师专业实践与专业发展的差异性与不均衡性。对教师专业发展的导引，需要我们全面地、合理地审视教师所处的外部空间情境，在对诸多空间情境的分析与定位的基础上，我们也需要充分地利用空间情境的动力系统，充分地化解空间情境的不利因素，唯有如此，才能为教师的专业实践与专业发展营造良好的"空间情境"。

3.4.1.2　"空间情境"中的教师及其自我认同

中国的社会结构依然呈现典型的城乡二元结构、东西部的区域不均衡发展等特征，城市与乡村的教师、发达地区与落后地区的教师，对自身的观照与反思方面，也深深烙刻上了不同空间情境的印迹。生活在其中的教师不可避免地受到城乡、地域等社会环境，及其经济、文化等社会因素的影响。教师的"空间情境"影响着教师的经济报酬、社会声望等外部价值的实现，不同空间情境的差异会导致教师对专业自我的不同的确认与定位。

老少边穷地区中小学教师所处的"空间情境"可以用恶劣来形容，外部的社会环境、学校环境及家庭的生活环境，不仅影响着教师的生存与发展，也影响着教师的专业水平与专业发展。基本的生活保障、经济待遇以及相应的社会声望，成为这些教师对"空间情境"基本的价值诉求，然而，当这些基本的诉求也未能得到应有的响应时，这些教师往往对自身的专业实践与专业发展有了不同的定位与取向。因此，经济相对落后地区的教师的自我认同，不是自我对他我的协商，更多地应是他我对自我的观照，要求改善他们生存与发展的"空间情境"。身处经济、文化与教育均较为发达的地区的教师也未必可以用良好的"空间情境"来形容，只是相对而言。这些教师对空间情境的价值诉求，除了经济待遇、社会声望等外部价值之外，更多的是教师的社会价值与专业地位，以及教师自身的专业发展。他们更多的是在与外部的他者进行着价值协商，而协商的结果影响到他们生存与发展的"空间情境"。

总体而言，中小学教师的"空间情境"不容乐观，身处其中的教师对自我的确认与定位也呈现极大的差异性。尽管教师的物质待遇逐年提高，教师的社会声望也不断提升，但相对于其他许多行业，教师的专业地位与专业价值并没有获得实质性的提高，再加上区域间的不均衡发展，中小学教师的"空间情境"严重影响着教师的专业热情与专业发展。教师的自我认同是教师对自己的专业实践与专业经历反思性理解所生成的自我，在自我的找寻与确认过程中，教师需要同外部的他者进行沟通与协商，进而共同营造良好的"空间情境"。外部的他者既是一个抽象的符号，也是具有生命特征的个体，更是具有群体特性的组织。社会、学校、家庭、公众、学校领导者、家长等构成了"空间情境"中的他者，教师反思性理解生成的自我，需要和这些他者进行沟通与协商。

3.4.2　生活在"故事情境"之中的教师及其自我认同

3.4.2.1　教师的"故事情境"

当想要告诉别人自己的内心感受时，我们讲述了自己的故事；当想要了解他人的内心感受时，我们倾听他人的故事。如果你要了解一个人，最好的办法莫过于了解他的人生故事。人生在故事中展开，人性在故事中表征。故事"为自我提供了连续性，一个完整的故事可以告诉我们昨天的你如何成为今天的你、明天的你。在故事中，我们可以建构过去、体验现在、期待将来。故事意味着自我的统一与整合"。[①] 自我的故事还包括生活故事，它也是个体对自我的叙述，是人们对他/她自身生活的一种理解。[②]

教师的专业实践与专业经历充满了故事，教师在纷繁复杂的故事中叙述着自我。教师所从事的专业实践，就其本质而言，是一种人与人之间的交互活动，有人物、有情节、有情境，因此，教师的自我具有故事性，在故事中经验整合、在故事中反思理解、在故事中生成自我。教师的故事，首先是教师的人生故事，更确切地说，是教师专业生涯中的人生故事，它在时间维度上横跨了教师从教前的人生经历、从教后的专业经历，在空间上涵盖了故事发生的社会、学校、班级、家庭等情境。教师在讲述自我、反思自我的时候，往往不能抽象、概括地描绘一个专业中的自我，教师往往通过分享自己的某一个或某一些具有代表性的故事，在故事的叙述中，表明一种自我的立场与反思性理解。教师的人生故事很庞杂，但须臾离不开自己的专业生活与实践；教师的人生故事很平凡普通，但充满自己的专业生命力；教师的人生故事很零乱繁杂，但不妨碍我们对其进

---

① 马一波、钟华：《叙事心理学》，上海教育出版社，2006，第1~2页。

② 同上，第40页。

行梳理与反思，这也蕴含了教师专业发展的内在路径。教师的故事还包括生活故事，在空间情境中，教师充满了学校情境中的故事、家庭情境中的故事、社会情境中的故事，而在学校情境中又充满了班级情境、年级情境、教研组情境、课堂情境、活动情境中的故事等。教师的专业实践就是在这一个个特殊而又平凡的情境中发生发展的，教师在经历故事、感受故事、讲述故事、反思故事的基础上，实现着对自我心路历程的反思，实现着专业经验的升华，也促进着自身的专业发展。

3.4.2.2　"故事情境"中的教师及其自我认同

认同是一个内化的、不断发展的有关自我的叙事，认同将自我的不同方面紧密地联系起来，使生活具有一贯性、目的性和意义性。[①] 自我具有故事性，人生故事将零散的经验组织成一个整体。个体对生活的叙事是以时间为主轴，将一系列零散的事件联系起来，形成一个完整、连续的人生故事。故事本身反映了个体心理发展与变化的过程，自我是在述说生活故事的过程中得以存在的。教师的自我认同不是抽象的理性哲思，不是刻板的测量与评判，而是在教师鲜活的专业实践与专业经历中，通过故事以及教师的叙述，不断地反思性理解而生成的。在"故事情境"中，教师的自我认同将看似碎片化、零乱的专业实践与专业生活，有目的且一以贯之地联系起来，在对故事的叙述与反思中，形成教师的专业意义感、身份感、角色观等，进而在反思理解的过程中找寻到专业自我的定位与确认。

---

① 马一波、钟华：《叙事心理学》，上海教育出版社，2006，第35页。

　　"故事情境"中教师的自我认同，既体现了后现代视野下认同的碎片性与独特性，也体现了教师专业发展实现路径的转向。教师的故事是普遍相似中的各不相同，个中的人物、情节、情境，只有教师才是真正的诠释者和建构者。教师的自我就隐含在这些人生故事与生活故事之中，教师自我的确认需要其重新反思与理解这些平凡又不平凡、普通又不普通的故事，需要其在叙述故事的同时，反思性地生成自我。这不仅是教师自我认同的内在特征，也是教师自我认同与专业发展的路径线索。叙述与反思离不开故事，故事离不开"情境"，在"故事情境"中，教师可以找寻一条适宜自身发展而又充满挑战的路径线索，循着这条路径，不同的教师走在不同的发展道路上，不同的教师停留在不同的位置上，教师自我认同与专业发展的分化，也就显而易见了。笔者比较和分析了若干位知名的专家型教师的讲座与经验报告，理性思辨得少、经验提升得多，理论阐释得少、故事叙述得多，总结评价得少、反思理解得多，这些特征恰恰可以表明，专家型、研究型、反思型教师的成长，离不开生活中的故事，离不开对故事的叙事与反思，这相比较外在的教师培训而言，更具有发展的意义与价值，这或许是真正能够激发教师发展动力，并真正促进教师不断发展的有效路径。当然，这也内在地对教师提出了诸多的专业诉求，内在地要求教师不断提升自身观察、叙述、反思、交往合作的能力。教师自我的合理认同及其专业发展需要重视教师的"故事情境"，需要重视教师的叙述与反思。

3.4.3　生活在"问题情境"之中的教师及其自我认同

3.4.3.1　教师的"问题情境"

2006 年 8 月 25 日孙云晓先生在其博客中发表了一篇题为"日本教师的 10 个反思"的文章，一夜之间竟有 300 名左右的网友对此进行回帖、留言、评论。其中的教师来自不同的区域、不同的学校，其中的教师处于职前、职中与职后的不同发展阶段，其中的教师或发表感慨或分享故事或宣泄情绪……在梳理这些回帖、留言与评论的过程中，你能够深切地体会到许多教师的艰辛与无奈，体会到许多教师的坚守与执着，同时也会深切地体会到教师的专业生活与专业实践中充满诸多的困惑，教师就是在"问题情境"中真切地考问着自我，真切地找寻着自我，真切地反思着教师的处境与专业发展。缘何其中的教师会发出不同的声音，会分享完全相对的故事，会宣泄不同的专业情绪呢？

　　教育真是一个复杂的社会问题，学校教育诸多问题的根不在学校，而在社会。教育的社会性功能与筛选功能，往往也造成了教育某种程度上的异化。教师在异化的教育情境中被赋予诸多的价值诉求，被赋予诸多的外部规约与角色期待，教师往往在复杂而又难解的教育问题中迷失了自我，在外部空间环境的限制与束缚中不断地困惑与彷徨。教师是谁？我在做什么？我应走向何方？我的意义与价值？诸如此类的问题不是无病呻吟，也不是娇柔作态，而是教师的内心写照。在诸多的教育问题中，社会性因素与教师的自我交织在一起，于是不同的教师生成了不同的认同状态，不同的教师在教学专业道路上走向了不同的方向，在专业发展的过程中教师就分化出了不同的层次与水平。问题不可避免，如何正视问题？如何分析问题？如何解决问题？这是每一位教师在其专业实践与专业经历中都需要正面与回应的问题，而这些也同教师的自我认同与专业发展密不可分，相辅相成。

3.4.3.2 "问题情境"中的教师及其自我认同

教师的自我认同与专业发展往往在诸多的"问题情境"中遭遇到困扰与尴尬。学校教育中难解的问题时刻影响着教师的专业实践与专业经历，教师在"问题情境"中面临着外部社会性因素与内在自我的双重困境，教师也是在分析问题、解决问题的过程中实现着专业发展上的分化。"问题情境"不可避免，也是教师专业发展的分水岭之一，它影响着教师经验的积累、反思与改造，也影响着教师专业素养的提升与发展。

诸如应试教育，它深切地影响着中小学的教育改革与发展，深切地影响着教师的自我认同与专业发展。在"素质教育轰轰烈烈、应试教育扎扎实实"的情境下，教师面临着困惑与冲突，教师的专业实践往往背离"理想的自我"。学校教育具有功能的多极性，培养人的功能、社会化的功能往往在实践中让位于筛选人的功能。学校教育功能的多极性使得教育一步步偏离了自身的轨道，尤其是应试教育所具备的筛选功能，放大了教育的功利价值，使得教育的目的不再是人的培养，而成为考试的附庸。尽管应试教育有其发展的历史积淀和现实基础，但应试教育本身就是教育的异化，它异化了教育的目的和功能，造成了学校教育对学生多方面素质与身心发展的漠视或轻视。教师在这样一种教育问题与教育形态之中，遭遇专业价值、身份与角色的多重危机，教师自我的合理认同遭遇到来自社会性因素的冲突与挑战。学历主义的功利价值观一直影响着我们的学校教育，升学的竞争、高考的压力、职业与未来生活的选择，无不投射到我们的日常教育生活实践中来，这恐怕也是应试教育根深蒂固的根本因素。功利主义的价值取向是一种社会现象，而学历主义的功利价值观则是制约学校教育的根本性因素，应试教育成为这种教育价值取向的最好注解和最有效的教育形式。在应试教育这一难解的教育问题中，教师"理想的自我"往往会遭遇到"现实自我"的挑战。旧有的评价标准和教育思维往往会造成教师专业发展中的阻力或尴尬，一线的学校和教师需要合理地分析、理解与反思自身的专业问题，进而实现自身的专业发展。

教师的生活世界中充满许许多多、形形色色的问题，应试教育只是其中一个影响最大的难题。问题的不断衍生与解决，既是教师的一种生存样态，也是教师专业发展必须回应的主题之一，而教师的自我认同与专业发展也需要重视教师生活世界中的"问题情境"，需要教师正视学校教育的困境与难题，在问题中、在生活世界中，实现自我的合理认同与自主发展。

3.5 教师专业发展中自我认同的"静态"维度分析

真正静止的状态是不存在的，但相对的静态能够让我们更好地认识事物。教师的自我认同可以人为地进行归类与划分，其目的在于更好地阐释教师自我认同的内在趋势。以教师自我认同的合理性与教师的主观态度为横纵坐标轴，把教师分为四类，即积极的合理认同、消极的合理认同、消极的不合理认同和积极的不合理认同。教师自我认同的这四种样态影响着教师的专业实践与专业发展。

3.5.1 教师自我认同的合理性

"在当代认同问题研究中，'合理认同'和'合理认同观念'属于比较少见的提法，但这里使用这种方法并不是故弄玄虚。我相信，这个观念可以帮助我们从理论上更好地理解和把握当代认同危机问题，特别是就实践和社会生活层面而言，当代合理认同观念应当在生活世界中具有可操作性，并可以在实际生活中得到有效的培养。"① 合理性是合规律性与合目的性的统一，教师自我认同的合理性也是合规律性与合目的性的统一。教师自我认同的合规律性反映了认同的客观性与确定性的特征，它是科学主义与行为主义视野下教师认同的内在反映；教师自我认同的合目的性则体现了教师的主体性因素，反映了教师自我认同的主观性与不确定性，它是后现代视野下教师自我认同的转向。教师的合理认同需要恢复和保持认同中的关键成分，需要重视"自我"与"他者"之间的相互塑造，而且教师的合理认同本身就是理性与非理性属性的妥善结合。

教师的合理认同需要恢复或保持教师自我认同的关键性成分与核心特征，即同一性与差异性、连续性与阶段性、整合性与碎片性、内敛性与外散性。教师的合理认同需要正常发挥上

① 王成兵：《当代认同危机的人学解读》，中国社会科学出版社，2004，第95页。

述这些关键性成分的正向功能，而且它们之间也是相互作用和相互支撑的。教师自我的合理认同需要实现"自我"与"他者"的对话、沟通、交互与协商。"他者"需要合理认同教师的专业价值、身份、角色等，教师"自我"需要反思理解"他者"的因素，并在自我的生活实践中实现自我的价值与发展。

教师的自我认同与专业发展是理性与非理性的统一，教师的理性导向了教师的知识、能力、专业规划与设计、专业理想等，教师的非理性导向了教师的专业情意与职业道德，导向了教师的意义追寻等。理性和非理性的相互塑造，使得教师的自我认同成为一个完整的、有机的整体，使得教师自我的合理认同成为可能。理性与非理性的相互塑造，整合了教师自我的整体性与破碎性、确定性与不确定性、稳定性与无序性、权威性与宽容性等。

此外，在哈贝马斯交往理性的视野下，教师的合理认同需要重视自我认同的交往协商、生活世界与语言转向，教师的合理认同是教师自我与他者的交往协商与相互塑造。教师的合理认同不是单纯的、抽象的理论思辨，而是教师在教学生活世界中不可回避的复杂现象。教师的合理认同最终要回到教师的生活世界之中，在教师所处的社会生活空间中去寻找最终的答案。

3.5.2　教师自我认同的主观态度

人的主观态度有积极与消极两种，"积极"代表一个人充满活力、充满信心、目标鲜明、心情愉悦、开心舒畅，免疫抵抗能力增加，当我们对某种活动与行为、某件事情产生兴趣或认识到它的重要性时，就乐于主动参与，表现出积极的态度。"消极"则几乎与消沉、苦闷、悲观、沮丧的含义相近，它能够使人心情沮丧、意志消沉，处于消极状态的人有意识地回避、抵抗外在活动与事物。积极与消极是一个人的态度问题，也是影响一个人行为能力的关键性因素。从认同的方式看，教师的自我认同也可以分为积极认同与消极认同两种，前者是指教师自觉自愿、目标鲜明、积极主动地对自身的专业价值、身份、角色及其专业发展等问题进行反思性的理解；后者则是消极悲观、情绪低落，并带有一定回避、抵触情绪地接受外部的诸多规约。

教师自我的积极认同与消极认同，反映了教师对待自我及其专业发展的一种态度与行为方式。积极认同更多地体现了一种反思、追问的人生态度，积极认同的教师往往具有较为明确的发展规划，对"现实的我"尽管有诸多的困惑与不满，但能够通过自我的叙述与反思，实现"理想的我"与"现实的我"之间的融通。积极认同的教师对待外部空间的规约与不合理认同时，往往能够在不满与失望的同时，关注自我的境遇，并试图通过主观的努力，实现自我与他者的沟通与协商。消极认同的教师则相反，他们不满"现实的我"所遭遇的困境，排斥甚至抵制"理想的我"，对待外部空间的规约与不合理认同时，往往消极悲观、情绪低落地接受，而不加以反思与自我观照。消极认同的教师往往很难表现出对教学行为的热情与专注，他们往往把教师的外部价值与内在价值等同起来，往往把外部空间的境遇同自我的专业规划对立起来，往往把自我与他者置于一个对立的境地，而无法在专业实践与专业生活中体验到教师的意义感、价值观、角色观、归属感等，因此也就为自身的专业发展设置了诸多的障碍。

教师的积极认同与消极认同，往往与教师认同的合理性密切相关，积极认同未必一定会促进教师的专业发展，它可能是一种积极的不合理认同；消极认同也未必一定会阻碍教师的专业发展，它可能是一种消极的合理认同。因此，我们在探讨教师自我认同积极与消极状态的时候，不能简单地归结为积极认同就等于合理认同，就等于专业发展。一般而言，积极认同的教师往往更能够在叙述与反思中，实现自我的合理认同，而消极认同的教师往往可能在困惑与抱怨中，实现着自我的认同。教师自我认同的积极与消极状态是可以培养与调动的，这也就对我们的教师教育与教师管理提出了新的诉求，积极合理的认同是教师自我认同的理想状态，它能够最大化、最有效地促进教师的专业实践与专业发展。

3.5.3　"静态坐标轴"中教师的自我认同

我们在一种相对静态的视角下，可以发现教师的自我认同呈现不同的类型与特征。我们可以建构出一种"静态坐标轴"，以认同的合理性（合理认同与不合理认同）为纵坐标，以认同的主观态度（消极与积极）为横坐标，对教师的自我认同进行一种静态的分类与表征。具体如图1所示，A类属于积极的合理认同，它是学校生活世界中教师专业发展的理想状态，是教师在其专业实践和专业发展中积极合理的反思性自我；B类属于消极的合理认同，它是教师专业发展的现实样态，体现了教师在外部规约的压力下所进行的叙述与反思，表明教师尚未把专业发展的内外动力系统进行有机整合；C类属于消极的不合理认同，它反映了一部分教师在外部规约下的迷失与困惑，这类教师并未真正理解教师的专业内涵与要求,其专业发展会出现停滞的状态;D类属于积极的不合理认同,它是教师专业发展的最糟糕状态,这类教师所形成的自我认同,不仅不会成为自主发展的动力,而且会成为专业发展的阻力与障碍,不仅会影响自身的专业发展,而且会影响到教师群体的专业发展。这四种静态分类中,合理与否是根本性的标准,而且它们之间没有一个明晰的边界,往往会交织在一起影响着教师的专业实践与专业发展。

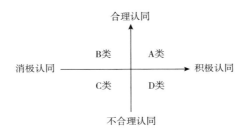

图 1 静态坐标轴

3.5.3.1 教师自我的积极、合理认同

教师自我的积极、合理认同是教师理想的工作状态,也是教师专业发展的理想状态,它是教师在其专业实践和专业发展中积极的反思性自我。教师自我的积极、合理认同要求教师用积极的心态,合理地沟通协商自我与他者的关系,在生活世界中通过叙述与反思找寻与确认自我。教师自我的积极、合理认同是教师专业发展中应努力达到的一种趋向与态势,也是教师教育与教师管理中应努力达到的一种理想状态。对教师个体而言,积极合理的自我认同需要教师具备一定的叙述能力、反思

能力、规划能力与适应能力，理性地审视自身的专业实践与专业经历，能够在生活中找寻到自身的意义与价值。

3.5.3.2　教师自我的消极、合理认同

教师自我的消极、合理认同，是教师专业发展的现实样态，体现了教师在外部规约的压力下开展的叙述与反思，表明教师尚未把专业发展的内外动力系统进行有机整合。处于消极、合理认同状态中的教师能够合理地定位自我的现实处境，合理地规划未来的专业生涯，合理地调控自身的教学行为，但不能积极地与他者进行沟通协商，往往回避、排斥甚至抵制外部的诸多规约。处于此种状态的教师能够有效地完成当前的教学行为，但不能将教师自我的过去、现在与未来有机地整合在一起，不能够实现"理想的我"与"现实的我"之间的融通。

3.5.3.3　教师自我的消极、不合理认同

教师自我的消极、不合理认同，反映了一部分教师在外部规约下的迷失和困惑，这类教师并未真正理解教师的专业内涵与要求，其专业发展会出现停滞的状态。处于此种状态的教师，首先不能合理地确认自我，不能合理地与他者进行对话与沟通，不能在日常专业生活世界中找寻到教师的意义感、身份感、归属感，往往在工作压力中表现出较为强烈的职业倦怠；其次缺乏一种积极的态度与情绪，往往对自身的专业实践与专业发展不进行规划与设计，不去主动地加以改变，得过且过，使得自身的专业发展处于一种停滞的状态。

3.5.3.4 教师自我的积极、不合理认同

教师自我的积极、不合理认同，是教师专业发展的最糟糕状态，这类教师所形成的认同，不仅不会成为自主发展的动力，而且会成为专业发展的阻力和障碍，不仅会影响自身的专业发展，而且会影响到教师群体的专业发展。此类教师在专业实践中不仅迷失了自我，而且形成了一种错误的或者极为不合理的自我定位，将自我与他者完全隔离与对立。此类教师的自我认同是一种极端的、片面的认同，不仅会阻碍和影响自身的专业实践，甚至会导致极少部分教师的道德沦丧。在教师教育与教师管理的过程中，我们应重视这样一种认同状态的危害，并通过一系列措施来促成这些教师自我的合理认同。

3.6 教师专业发展中自我认同的"动态"维度分析

认同作为一个过程，总是处在"认同——认同危机——新的认同"螺旋式的运动之中。认同是潜在的认同危机，认同危机是成熟了的认同的必然走向，认同危机是"认同"中否定的"种子"的发芽和成长。① 具体来说，它是一个放大、合并、延伸和转移的过程，是一个从自我认同到社会认同再到自我认同，从自我认同危机到社会性认同危机，最后又回到自我认同危机的过程。②对这样一种动态的发展趋势，我们将在下一章（"教

---

① 王成兵：《当代认同危机的人学解读》，中国社会科学出版社，2004，第18页。
② 王成兵：《略论合理的现代认同观念及其在生活世界中的培育》，《甘肃理论学刊》2005年第2期。

师专业发展中的认同危机"）中重点阐述。此外，Marcia 在
Erikson 研究的基础上，将认同发展的形成过程动态地划分为四
种状态，这对于我们认识和理解认同内在的发展规律与特征，
有一定的借鉴意义。他将认同分为以下四种状态：第一，认同
混淆（Identity Diffusion），被认为是最不成熟和最复杂的状态，
处于这个阶段的个体没有体验过危机，也没有形成承诺，对事
情表现或反应冷淡，或缺乏对自己现在和未来生活的关心，对
将来应选择何种职业感到困惑无法决定，面对抉择经常会感到
焦虑，很难确定自己的职业方向；第二，认同阻断（Identity
Foreclosure），在一定程度上比认同混淆要成熟，虽然也没有体
验过危机，但被动地做出承诺，很容易接受一些重要的任务，
可能照着外部他者的标准、价值观与期望去发展；第三，认同
延缓（Identity Moratorium），比前两种状态复杂，个体正处于解
决危机阶段，正有意识地采取一些措施尝试着不同的承诺和角
色；第四，认同有成（Identity Achievement），通常被认为是最成
熟的状态，个体已经体验并解决了认同危机，能自己做出决策，
形成职业或意识形态的承诺，现在已肯定未来的职业方向。①

　　教师的自我认同与专业发展也是一个动态的过程，是一个不
断变化、发展的过程。教师的自我认同有其内在的发展轨迹，
"新的认同的涌现，旧的认同的复活，现存的认同的变迁等"。②
在"动态"视域下，教师的自我认同不仅因循着"认同——认同

---

① Robert E. Slavin：《教育心理学：理论与实践》（影印版），北京大学出版社，2004，
第 90～91 页。

② Richards Jenkins，"Social Identity"，*Routledge*，1996，p. 7.

危机——新认同”螺旋式运动的轨迹，也有其内在的发展阶段与特征。Marcia 的认同研究同样对教师的自我认同有着相当的借鉴意义。在认同混淆阶段，教师对自我的理解与定位是最不成熟和最复杂的，处于这个阶段的教师个体没有体验过危机，也没有形成职业承诺。对专业实践与专业发展的反思理解，或表现片面，或反应冷淡，缺乏对自我过去、现在和未来的叙述、反思与规划。处于这个状态的教师，往往对自身的专业发展感到困惑与迷茫，在专业实践中往往会感到焦虑与烦躁，如何合理、积极地反思“自我”，如何与外在的“他者”进行沟通协商，成为这个阶段教师的中心任务。在认同阻断阶段，教师的自我认同有所发展，相对较为成熟，虽然也没有体验过危机，但被动地做出承诺，很容易接受一些重要的任务，特别是外在的身份规约与角色期待，对教师的专业价值有初步的认识与思考。这个阶段的教师已经开始积极地反思社会性的自我，他们更多地按照外部的规约来发展，自我的声音还尚未彰显。处于认同延缓阶段的教师，比前两种状态复杂，教师个体正处于解决危机阶段，正有意识地采取一些措施尝试着不同的承诺和角色。这个阶段的教师开始进行“自我”与“他者”的对话、“理想的我”与“现实的我”之间的融通。处于认同有成阶段的教师通常被认为是最成熟的状态，教师个体已经体验并解决了某种认同危机，自己能够在教学实践与专业发展的过程中做出决策，能够形成较为合理的自我定位与专业规划。教师的这四种认同状态也是一个螺旋式的发展过程，彼此间没有明确的边界，在这样一种动态的变化中，教师逐步生成了对专业价值、身份与角色等的合理定位与理性思考，教师也在这样一种动态过程中，通过反思性理解生成了专业自我。

第四章　教师专业发展中的认同危机

在生存不再是唯一奋斗目标的环境中，人们开始思考生存的意义与发展的问题。人们常常会遭遇到这样一些困扰，如"我是谁"、"我要到哪里去"、"我走在何处"和"我所干的一切意义何在"等。对这些问题的追问就是认同的根本所在，但人们往往会在这些问题中陷入危机。认同危机是个体生存与发展中不可避免的问题，对于个体来说，认同危机是个体对自我的不确定性的一种疑虑和焦虑，是自我价值感的衰落、自我身份感的丧失和自我归属感的迷失。当代的认同危机是自我认同不可回避的状态与结果，而认同危机也孕育着新的认同。在当代社会中，认同危机表现形式五花八门、多种多样，一般表现为：[①] 语言的丧失、方向感的丧失和定位的偏差、创造性的日渐衰竭、焦虑感的增强、价值核心的丧失和道德框架的四分五裂，以及与主流意识形态的格格不入，进而出现人的信仰危机等。教师的专业实践与专业发展也充满了诸多的认同危机，教师的认同危机孕育着新的认同，内在地呼唤一种新的合理认同。教

---

① 　王成兵：《当代认同危机的人学解读》，中国社会科学出版社，2004，第19～31页。

师能否有效地应对诸多层面的认同危机，化解这些认同危机的负向功能，以及教师专业发展的动力与专业生涯的规划，直接影响着教师反思性自我的生成。

4.1　自我认同的危机及其成因

4.1.1　自我认同的危机及其特征

4.1.1.1　认同与认同危机

"危机"一词不仅仅作为断裂，或多或少更是一种持续的事态，它有特定的用途。它同样也侵入自我认同和个人情感的核心中去。危机之后获得的新的认同是重新发现自己的过程。① 现代生活的社会力量往往是一种导致不稳定的力量，它改变了人们在以往生活中获得的自我身份感、价值感和归属感，使得个体往往不知所措，由此而产生了自我认同危机。

认同的危机是一种严重的无意义感和无方向感，人们常常用不知他们是谁来表达它，但也可被看作是对他们站在何处的极端的不确定性②。自我认同危机也是个体对自我的不确定性的一种疑虑和焦虑，是自我价值感的衰落、自我身份感的丧失与自我归属感的迷失。自我价值感的衰落与自我身份感的丧失，对人的自我评价、自我实现和自我发展都有非常致命的影响。

---

① 安东尼·吉登斯：《现代性与自我认同——现代晚期的自我与社会》，生活·读书·新知三联书店，1998，第 13 页。

② 同上，第 37 页。

自我归属感的迷失不仅影响着个体主体性的发挥，也直接影响着组织认同与社会认同，影响着个体所在群体（或组织）的凝聚力、向心力及其发展的动力系统。处于认同危机中的个体，常常会通过反思来认识这种危机。在面对和解决这种危机的预期需求中，生活历程得以建构，至少是一个个体的反思意识得到高度发展。①

事实上，认同与认同危机是一个问题的两种状态，二者之间存在一种肯定与否定的关系。如果说认同是肯定的状态，认同就是一种包含差异的认同，那么，现代认同危机是认同发展和演化到一定阶段所必然出现的否定性状态，认同危机是"认同"中否定的"种子"的发芽和成长。② 认同危机也是一种认同，它是成熟了的、对自己的认同进行否定的认同。同时，认同与认同危机二者之间是可以相互转化的，现代认同危机在整个认同过程中，扮演了一个承上启下的角色。

4.1.1.2　自我认同危机的特征

第一，自我认同危机是一种双向性危机。认同自身具有内敛性和外散性的特点，一方面认同是一种向内的自我深度感，是一种自我价值和自我意义的发现和肯定；另一方面，认同是人的自然属性、社会属性和精神属性的集中反映，人的自我感来自外界与他者，最终也必然回到外界与他者。当代认同危机

---

① 安东尼·吉登斯：《现代性与自我认同——现代晚期的自我与社会》，生活·读书·新知三联书店，1998，第174页。

② 王成兵：《当代认同危机的人学解读》，中国社会科学出版社，2004，第18页。

是一种双向的危机：一方面，人的认同危机是针对人的自我感而产生和起作用的，是对内在深度感所形成的危机，是对主体性所形成的危机；另一方面，人的认同危机是针对人与他者的关系及人与他者的关系中形成的意义感、价值观和地位感而产生和发生作用的①，是针对个体与他人、社会的关系而产生和发生作用的，是对社会性所形成的危机。

第二，自我认同危机是一种过程性危机。认同危机绝对不是一种简单的断裂，它标志着认同即将进入一个新的建构阶段，是新的认同形态的开始。认同作为一个过程，总是处在"认同——认同危机——新的认同"螺旋式的运动之中。具体来说，它是一个放大、合并、延伸和转移的过程，是一个从自我认同到社会认同再到自我认同，从自我认同危机到社会性认同危机，最后又回到自我认同危机的过程。② 自我认同危机向自我认同的转化需要主体积极的努力与追求，这就要求我们应理性地看待自我认同危机，需要我们主动地化解危机的不良影响，使危机导向新的合理认同。

第三，自我认同是一种断裂性危机。现代社会正处于现代性与后现代性交织的进程中，整个社会与个体的时空界限被打破，固有的符号系统遭遇到认同的危机。社会与个体的价值观、理想与信仰、思维方式等都处于一种失范的状态，人在这样一种断裂中常常感到焦虑与困惑，人对自我的意义与价值、身份

---

① 王成兵：《对当代认同危机问题的几点理解》，《北京师范大学学报》（社会科学版）2004 年第 4 期。

② 王成兵：《略论合理的现代认同观念及其在生活世界中的培育》，《甘肃理论学刊》2005 年第 2 期。

与角色等都感觉到一定程度的冲突与迷失。

4.1.2 自我认同危机的成因

4.1.2.1 自我的觉醒

人的主体性地位激发了自我的主动性、积极性、自主性与能动性。"我是谁"的追问与确认是主体性反思的根本所在，于是人的认同问题随即产生。人对自我的认识越全面、丰富，个体先前的自我定位就更易于遭遇到冲突与危机，人就是在自我扬弃的过程中，逐步确立并追寻着"理想的我"。自我认同的危机是人主体性反思建构的内在趋势与必然结果，危机中孕育着新的生机与发展。自我的觉醒预示着认同与认同危机螺旋式的发展，预示着个体的主体性地位的逐步确立与彰显。

4.1.2.2 社会的转型

冲突不断、愈发不确定是现代社会典型特征之一，伴随这一社会变迁而生的则是传统社会结构与运行机制，以及人们生活方式与交往方式的重大改变。面对吉登斯所谓的"失控的世界"与布迪厄所言的"永恒的不确定性"，现代社会充满了不确定性与危机，人们的生活也充满了冲突与不确定性。在社会转型的背景下，社会与人在焦虑中加剧了自我认同的危机。

4.1.2.3 冲突的加剧与对话的缺失

在传统社会里，个体的自我成长有固定规范予以引导，而现代社会引发了个体生存与发展的价值危机，个体所遭遇的冲突与困惑日益加剧。在冲突与困惑中，个体并不能有效地与外部的他者进行有效的对话与协商，甚至可以说，自我与他者对话的缺失加剧了个体自我认同的危机。合理的对话、有效的协商成为化解自我认同危机的一种内在需要与有益尝试。

4.2　教师的认同危机

教师的自我认同与专业发展是一个动态的过程，是一个不断变化、发展着的过程。教师的自我认同有其内在的发展轨迹，"新的认同的涌现，旧的认同的复活，现存的认同的变迁等"。① 教师总是在"认同—认同危机—新的认同"的动态过程中，不断地找寻与确认着自我，不断地生成着反思性理解的自我。

在当代教师专业概念中，作为教师更需对"自我"有着深刻的关注，因为教学的内容是由个人所选择有意义的部分，是我们认识、解释这世界的观点，而诠释的方式与角度则成为我们引领学生认识世界的途径。教师的自我是"社会自我"（social self）与"个人自我"（personal self）的有机结合，教师的自我认同需要确认并回答"我是谁"及"这样的我要成为一个什么样的教师"。② 然而，教师在确认"我是谁"及"这样的我要成为一个什么样的教师"时，往往会陷入自我与他者的冲突之中，会遭遇到自我的认同危机。教师的"社会自我"与"个人自我"往往缺乏有效的沟通与协商，进而导致教师自我的不

① Richards Jenkins, "Social Identity", *Routledge*, 1996, p. 7.
② 周淑卿：《课程发展与教师专业》，甘肃文化出版社，2005，第 112 页。

确定性与自我意义感的丧失。

教师的认同危机也是一种双向的危机。教师内在深度感所形成的危机，是对教师主体性所形成的危机。在时间维度层面，教师的过去、现在与未来出现了某种断裂，伴随着这样一种认同危机，教师不能对自我的专业经历生成合理的认同，这就会影响到教师的专业实践与专业发展。教师内在深度感所形成的危机，还表现为教师自我价值与自我意义感的某种丧失，这影响着教师专业发展的内在动力。教师的自我认同危机，同样受到外部空间他者的影响，即"社会自我"往往影响着教师的专业实践与专业发展，外部他者对教师自我的合理认同，能够极大地促进教师的专业发展，反之，则会造成教师生存与发展的困境，影响教师主体性的发挥与自我价值的实现。

教师的自我认同危机也是一种过程性危机。教师的生活充满了冲突，充满了形形色色的专业情境。在教学专业实践中，教师也是在"认同—认同危机—新的认同"的螺旋式运动中逐步提升自己的专业能力、确认合理的专业自我的。教师自我认同危机意味着教师将生成新的合理认同，这需要教师发挥主观能动性，确立自己的主体性地位。

教师的自我认同危机也具有某种断裂性。教师不能脱离外部的生活世界，社会的转型、生活的变化，无不影响到教师的意义世界与符号系统，影响到教师的专业信念与个人信仰。当外部社会的价值观、理想与信仰、思维方式等都处于一种失范的状态时，教师在专业实践中也会常常感到焦虑与困惑，教师对自我的意义与价值、专业的身份与角色等都感觉到一定程度的冲突与迷失。教师的经验也在一种碎片化的体验中，不能有效地指向教师的专业发展。

教师自我的认同危机同样受到自我的觉醒、社会的转型、冲突的加剧及对话的缺失等因素的影响与制约。对"我是谁"的追问与确认是教师主体性反思的根本所在，教师在对"现实的我"扬弃的过程中，逐步确立并追寻着"理想的我"。然而，教师身处的社会环境与学校情境不断发生变化，教师的生活同样充满了冲突与不确定性。"社会性自我"与"个体自我"之间缺乏有效的沟通与协商，在诸多日益加剧的冲突中，教师自我认同危机不可避免。在面对和解决诸多认同危机的预期需求中，教师的专业生活历程得以建构，教师的反思意识与能力得到发展。处于认同危机中的教师，也常常会通过叙述与反思来认识这种危机。教师叙述与反思性理解自身所遭遇的认同危机，不仅有利于生成新的合理认同，而且在叙述与反思中教师生成了自我。

4.3 教师专业发展中的认同危机

教师专业发展中的认同危机表现为教师价值认同危机与自我意义感的丧失，表现为教师自我身份感的困惑与归属感的缺失，表现为教师专业角色的冲突与困惑。伴随着教师自我价值、身份与角色的认同危机，教师愈来愈缺乏对自我的审视与反思，处于"失语"状态的教师往往更容易产生焦虑的心态，往往更容易产生对教学本身的倦怠，从而影响到教学的热情与教学的效果。最为重要的是，伴随着价值认同危机、身份与角色认同危机，以及教师"自我的失音"和"焦虑与倦怠"，教师的创造性也日益耗竭，教师的道德框架也陷入分裂的状态，甚至产生了对教育本身的信仰危机。这些危机的产生真切地影响着教师的专业实践，影响到教师自我的建构与生成，影响着教师的自主专业发展。如何理性地反思诸如此类的认同危机，合理地化解这些认同的危机，既是教育理论工作者的职责，也是每一位教师在实践中必须做出的积极回应。

4.3.1 教师的价值认同危机与意义感的丧失

"终极关怀"的失落与"意义危机"是我国现阶段不容轻忽的社会现象。在某种意义上，新旧文化价值系统未能适时切换、整合并有效建立，造成转型时期"价值真空"的存在，进而导致出现暂时的社会价值的"信仰迷失"与个体价值的"信念危机"。[①] 在这一社会背景下，教师作为一个特殊的群体，亦面临着深刻的价值认同危机。同时，在这样一种"意义危机"中，教学专业实践本身所带给教师的意义感也逐渐在丧失，这就会直接影响到教师的教学质量与自身的专业发展。

4.3.1.1 教师的价值认同危机

认同危机问题的核心必然内聚到价值认同的危机问题，对认同危机的思考和解决必须与价值认同的建构联系起来看。[②] 教

[①] 袁祖社：《文化"公共性"的视野与个体生存意义根基之探寻》，《人文杂志》2004 年第 5 期。

[②] 王成兵：《对当代认同危机问题的几点理解》，《北京师范大学学报》（社会科学版）2004 年第 4 期。

师的自我认同是教师自主建构的深层价值观，它是教师教学行为的深层指令，它作为一种认知图式，支配着教师的理解、判断和行为选择。当遭遇到价值认同危机时，教师往往会对自身的教学行为与专业发展产生诸多的困惑，这既是一个深层次的意义符号问题，也是一个真切地影响日常生活的行为选择问题。

对于教师价值的分类，最为普遍的一种分法是将教师价值分为社会价值和主体价值两个基本方面。[①] 教师社会价值是指对于社会、服务对象等的外在价值，包括政治价值、经济价值、文化价值等，体现了教师对社会需要的满足，它是教师所承担的社会责任、义务、使命及实际的社会贡献，强调的是教师怎样表现自己的价值，如何使自己的一生成为有益于他人和社会的一生；教师的主体价值是指教学专业对于教师自身的意义和内在价值，包括实用价值、精神价值和生命价值等，体现了教师通过特殊劳动对自身各种需要的满足，强调的是教师如何在自身的教学行为与专业实践中，维持其尊严、需要、自我价值的实现等，以及"在自己的领域内独立进行创造"获得一种内在尊严与欢乐的生命价值。[②] 传统教师专业发展中对于教师的定位，过分重视教师的社会价值，而忽视了教师的主体价值，"对'教师存在意义'的认识上的片面性将导致我们教育研究和教育政策制定上错误的做法"。[③]

从社会与学校组织的整体利益角度考虑，势必会重视教师

---

① 阮成武：《主体性教师学》，安徽大学出版社，2005，第 77 页。
② 阮成武：《教师专业形象的价值取向与现实建构》，《高等师范教育研究》2002 年第 6 期。
③ 孙芳明：《教师需要与教师专业发展》，《当代教育科学》2003 年第 20 期。

的社会价值，强调教师要满足学校发展与社会进步的需要；从教师个体利益角度考虑，重视教师的主体价值，强调自身各种需要的满足也是无可厚非的。然而在日常学校生活世界与教师的教学专业实践中，我们对教师价值取向的定位往往是以社会需要为本位的，强调教师社会价值的无限提升，而对其教学专业的自我价值缺乏尊重和体认。对教师主体价值尤其是基本的实用价值和内在的生命价值的轻忽与扼抑，势必造成教师专业实践的尴尬和形象窘态——至尊的道德地位与卑微的经济报酬相悖，学为圣贤的人格追求与清贫寂寞的物质待遇反差，甘为人梯的默默奉献与生命价值的消磨牺牲矛盾，社会的高期待、高评价与低选择、低定位背离。①因此，在教师的社会认同与集体认同中，社会、学校等外部他者需要合理地定位教师的价值，在重视教师社会价值的同时，真切地重视教师的主体价值。许多对教学专业满腔热情的教师，往往会排斥、曲解甚至是抵制外部他者对教师的不合理认同。对教师主体价值的轻忽，尤其是对教师实用价值如经济报酬、社会福利等的轻忽，虽然不是影响教师自我认同危机的根本因素，但是引起教师自我认同危机的导火线与催化剂。

事实上，工作已不再是人们单纯谋生的手段，工作的意义在于追求自己内在的价值。通过工作，人们不断学习，自我否定，自我创造，探求生命的真正意义。当教师的主体价值基本得到认同时，教师会更加看重对其生命价值的追寻，更加注重

---

① 阮成武：《教师专业形象的价值取向与现实建构》，《高等师范教育研究》2002年第6期。

其社会价值的意义。教师在教学专业实践中实现生命的内在价值，实现真正意义上的主体价值就是对学校和社会最好的贡献。① 在教学内外，教师能够认同自身的社会价值，认同学生、学校和社会等主体的需要与价值定位，就能最大化地实现的教师价值；社会、学校、公众和学生等主体能够全面认同教师的主体价值，较好地满足教师的合理需要，就能激发教师的主体性。教师价值及其价值观的建构与生成，起始于教师的价值认同危机与冲突，而最终要落靠于教师合理的价值认同。

4.3.1.2　教师自我意义感的丧失

"在过去，事态似乎稳定一些，还可以预测。人们为生存而奋斗，这似乎赋予了生活一些内在意义，目标似乎也比较明确。然而，由于今天技术与财富的泛滥，对大多数人来说，生存已不再是唯一的奋斗目标。在这样的环境中，人们开始思考他们生存的意义和本质。这时，他们常常发现自己为这一类问题所困惑，诸如：'我是谁？我正走向何方？为什么我要去那里？我所干的一切意义何在？真的有必要吗？'"② 个体在对自我生存与发展进行意义追问时，常常会陷入困惑与迷茫，往往会感受到自我意义感的丧失。在晚期现代性的背景下，个人的无意义感，即那种觉得生活没有提供任何有价值的东西的感受，成为根本性的心理问题。③

---

① 李国庆、孙二军：《学校教师管理中的价值认同》，《教育科学》2005 年第 4 期。
② 马斯洛：《人的潜能和价值》，华夏出版社，1987，第 400 页。
③ 安东尼·吉登斯：《现代性与自我认同——现代晚期的自我与社会》，生活·读书·新知三联书店，1998，第 9 页。

作为教师,意味着什么?我的教学行为与专业发展有何意义?我希望成为一个什么样的教师?这些不是预先存在的事实,而是必须以人的经验、价值、信念为中介去寻求的可能性。教师总是在意义追问中反思建构着自我,总是在意义感的驱使下践行着教师的使命与责任。然而,工作中的无意义感时常会降临到教师的心灵世界,催生着教师的无聊与厌倦,使得教师对其专业实践与专业发展产生诸多的困惑与迷茫。无意义感的侵袭,没有太多的规律可循,每一个教师都会遭遇自我的这种无意义感。它是伴随教师自我认同危机的产物,也是催化教师新的合理认同的潜在动力。当无意义感袭来时,教师通常会感受到自我价值的冲突,会感受到自我的不确定性,以及由此引发的职业倦怠。对教师而言,无意义感的侵袭既是一种专业实践面临的困境,也是促进自身专业发展的一种潜在动力。伴随着无意义感,教师会对学校生活世界产生倦怠,会对自我产生怀疑与迷惑,会对教学专业产生信任危机。但与之相对,教师为了摆脱这样一种无意义感,则会潜在地重新确认自我、定位自我、规划自我和调适自我。

意义感的丧失是教师自我认同危机的内在表现,也是影响教师专业热情与专业发展的根本性心理问题。教师在日常的专业实践中,需要找寻到自我的意义感,或者需要摆脱无意义感所带来的消极影响。意义感来源于教师对自我的追问与确认,意义感的获得与丧失取决于教师自我认同的合理与否。

4.3.2 教师的身份认同危机

在认同的历程中,教师将自我置于社会所界定的教师内涵之下，以一套社会文化、规范的准则看待自己作为"教师"的行动，以及自己在社会中所处的位置。同时，结合自己的生活经验，察觉自己与他人的社会关系，并在教育场域中，借着选择、拒斥某些可能性（诸如教室的组织形式、教学类型），逐渐加入那些构成其专业身份的重要内涵。[①] 教师的专业发展归根是教师对"教学专业"的一种身份确认，然后伴随着这样一种专业身份的权利、义务、责任与角色等，履行着这样一种义务与责任，实现着这样一种角色期待，并不断提升专业知识与能力素养。教师的身份认同是指教师自我对社会所界定的教师内涵的认知与体验，确认自己作为一位教师，允诺和遵从作为教师的规范准则，把教师专业作为自己身份的重要标志。[②] 当教师要确认自己的专业身份时，就需要辨识自己异于其他教师，或同属于教师群体的特征。教师的自我认同与身份确认涉及教师个体的知识、价值、情感取向等，它是通过与外部空间的他者的交互与协商而建构生成的。然而，教师专业身份本身充满了矛盾与困惑，教师在与外部他者的对话中，愈发凸显了教师的身份认同危机。

4.3.2.1 教师"教学专业"身份的困惑

一般而言，教师的身份系统可以从两个方面进行观察：一方面，是常见的制度层面的身份结构，主要通过法律、制度与规则等形式，定位和分配教师的权利、责任和义务，是教师身

---

① 周淑卿：《课程发展与教师专业》，甘肃文化出版社，2005，第86~87页。
② 张军凤：《教师的专业身份认同》，《教育发展研究》2007年第4A期。

份的外部规约；另一方面，是教师对其专业身份的主动选择，是教师对自我身份的期待、接受和认同，即他们如何进行身份建构和选择。教师的身份认同危机既体现为教师身份社会规约的某种不合理，也体现为教师主动身份建构中的困惑与冲突。教师的专业身份认同是一个追问"我是不是一位专业教师"的历程。这个历程不是朝圣式的——先确定"专业教师的客观标准"，再努力符合所有标准与期望；而是旅行式的——要经由与"教师"所处社会关系中他人（如学生、家长）的互动，并与社会所赋予的"专业教师"意义磋商。[①] 然而，教师的专业内涵及专业自主的内容与范围，通常是由学术界或行政官僚体系界定的，教师则是"被要求"符合一套既定的专业标准。于是，在教育改革中，教师对于自己身为教师的意义、价值与行动的界定，对自己的身份认同，都是不被关心的。教师专业发展所关心的不应停留在有关"专业"的描述与规约性意义上，而应以"教师作为一个人"的观点，重视教师专业生命中的自我认同问题。[②]

　　社会外在规约的教师身份系统影响和制约着教师专业发展的方向与内涵，它涉及教师"教学专业"身份的社会认同，认同的合理与否直接影响着教师的生存与发展的外部空间，一旦外在规约的身份系统出现了偏差，教师在其专业实践与专业发展的过程中，将不可避免地遭遇到冲突与认同危机。但是，教师所从事的教学专业是人与人的互动，教师与学生之间的关系

---

① 周淑卿：《课程发展与教师专业》，甘肃文化出版社，2005，第 87 页。
② 同上，第 77 页。

是不同生活经验、期望、意义、价值的互动，而不是一个知识载体对着不同容器的传输过程。教师的专业发展不应将教师视为一个"外部身份规约"的被动接受者，而应该将教师视为一个"人"，鼓励教师参与关于"专业"的论述，在生活的经验与故事中反思自己作为教师的意义与行动，建构个人的专业身份认同。唯有认同自己作为一位专业教师的身份，教师才能真正清楚自己的专业成长方向，不因变动频仍的改革方案而无所适从，也不致追逐华丽的流行说词而随波逐流。① 这样的教师才真正拥有来自专业判断的自主权，而且此种自主权不是任何权力单位所能赋予的，如此教师才能真正"扩权增能"。所以，教师的专业发展需要教师对其教学专业身份进行合理认同与建构。教师在处理身份认同危机时，需要教师理性地看待专业身份外在规约与内在建构之间的冲突与矛盾，能够反思性地建构与生成教师的自我身份感。

4.3.2.2　教师身份的冲突与泛化

教师面对来自不同论述所界定的多重身份，势必难以寻求单一的、恒定不变的专业身份认同。所以，教师需要与多元的外界意义互动，建构多重的身份认同，而多重身份则彼此影响，而且是不稳定、流动的。教师的多重身份有很多种划分方式，一般而言主要体现为教师的政治身份、经济身份、文化身份、法律身份等，这些多重身份彼此在冲突中相互影响，共同制约着教师的专业实践与专业发展。

---

① 周淑卿：《课程发展与教师专业》，甘肃文化出版社，2005，第89页。

　　教师的身份冲突是指教师在专业权利、义务、责任等方面的失序与困惑，以及专业身份感的缺失或抵触。首先，教师的身份冲突表现为社会身份系统的预设性与教师个体主动选择的冲突，亦即教师身份的社会认同与自我认同之间的冲突。教师身份的社会认同是以社会本位为显著特征的，强调教师社会身份系统的预设性及其社会功能，社会身份系统往往会通过法律、制度与规则来规约教师的权利、义务、责任等。教师身份的自我认同是教师自我主动的身份建构。它既是教师获取"成员资格"的一种内化过程，也是教师叙述与反思自身专业价值与专业权益的一种结果。教师身份的社会功能预设性与教师身份的主动建构之间存在不可避免的冲突。其次，教师的身份冲突还表现为教师的"社会身份"与"法律身份"的冲突。教师作为一种专门职业一经产生，就要受到来自现实社会中历史、文化、传统、经验的影响，并在这种影响下形成社会对于"教师"这一社会角色行为的期待，并在社会化过程中沉淀下来，形成习惯、服从和认可的秩序，从而转化为教师的社会身份。① 而法律身份则是特指的，它是对教师身份的本质性规定，并不面向某一个具体的教师个体，而是指向教师群体。因此，法律身份告诉人们应当如何行为，而社会身份则告诉人们在特定的情况下如何行为。教师的"社会身份"往往对教师权责的期望大于法律身份，它对教师的规约具有更大的弥散性。而教师的"法律身份"尽管具有强制性的保障，但是对教师基本的身份规约，它指向的往往是教师基本的身份诉求。所以，即使教师没有达

---

　　①　曲正伟：《教师的"身份"与"身份认同"》，《教育发展研究》2007 年第 4 期。

到社会身份所规约的角色期待，对于教师的法律身份而言，也不算是违法。最后，教师的身份冲突还表现为教师政治身份、经济身份、文化身份等方面的困惑与不相称。教师的政治身份体现了国家特性与所属阶级的性质，教师的经济身份体现了教师的经济报酬与自身利益问题，教师的文化身份则是一个复杂的社会性话题。这些多元的身份特性之间尽管没有直接的冲突，但交织在一起影响着教师的专业实践，影响着教师对专业身份的确认与建构，从而影响着教师的自我认同与专业发展。

正是由于教师的专业身份具有多元性的特征，在诸多身份诉求的背景下，教师身份泛化的问题日益凸显。教师身份的泛化，在一定程度上也会弱化教师的教学专业身份，并且加剧教师的身份冲突，从而影响教师对专业自我的定位与追求。当前存在的教师身份冲突与身份泛化问题，不仅给教育行政部门、学校滥用权力提供可乘之机，遮蔽了公众甚至教师本人的视界，更重要的是会侵犯教师作为一名公民在私人生活领域应享有的合法权益，这与法治精神是不相称的。① 教师专业的身份泛化与冲突，不仅会使教师的某些权利被限制，某些义务被强制赋予，而且会造成社会对教师某些并不合理的价值诉求与角色期待。因此，我们需要理性地反思教师的身份认同危机，合理地确认教师的专业身份。

4.3.2.3　教师身份认同危机的影响

多方面的身份认同危机影响着教师的自我身份建构，影响

---

① 尹力：《教师身份泛化：法治视野下亟待消解的问题》，《教师教育研究》2007 年第 1 期。

着教师身份感的获得，影响着教师的专业位置感与归属感。伴随着身份认同危机，教师的自我身份感有逐渐丧失的危险，自我身份感的丧失对教师的自我评价、自我实现和自我发展都有着非常致命的影响。身份感是个体对自我身份所赋予的权利、义务及责任等的一种体验与确认。身份感的获得是个体自我认同的反思性结果之一，它又对应着不同的角色观及角色认同。身份感的丧失使得教师不能合理地确认与定位自身的专业权利、义务与责任，使得教师的教学专业行为与外在的身份规约不相符，甚至发生抵触。这不仅会影响到教师的专业实践，也会造成教师对专业自我的迷失，从而影响教师的专业发展。教师对社会身份、法律身份、专业身份等的认同危机，还会造成教师自我归属感的缺失，使得教师不能合理地确认教师的群体性特征，从而影响教师个体的发展动力。

教师专业身份认同的建立是一个漫长而变动的历程，危机伴随其中。教师需要理性地认识到专业身份是社会的建构，而非自然而然、不可逃避或本质如此的。在特定的时期里，会有不同的社会规范、角色期待在界定教师的"专业内涵"，然而教师可以依据自己对教育的理想与期望、对教师专业工作内容的再界定，不断探索自己的专业身份定位。①

4.3.3　教师的角色认同危机

Erikson 认为，如果一个人不能成功地明确自己是什么人、自己生活的目的以及如何对待他人这样几个基本问题，就会导

---

① 周淑卿：《课程发展与教师专业》，甘肃文化出版社，2005，第 101 页。

致"角色混乱"以及各种人生挫败。这样一种认识同样适宜对教师角色认同危机的思考。当教师不能成功地明确"教师是谁"和"我是谁"的问题,不能成功地明确教学专业生活的目的与意义时,教师也会陷入"角色混乱"与"角色冲突"之中。

4.3.3.1 教师的角色与角色冲突

教师角色主要指教师所具有的与其社会地位、社会身份相联系的被期望行为。教师角色不仅反映出教师的社会地位及身份,而且体现出教师的个体心理、行为与群体心理、行为及规范之间的相互关系。[①] 长期以来,教师专业发展的诉求是为了学校和社会的改善,社会赋予教育何种功能,教师自然要成为某种规制的角色。[②] 以社会化的角度而言,"成为一个教师"即是成为他者期望中的角色,具有他者所认定的知识与技能。因此,教师的专业角色大多是由外在的他者所赋予的,教师的专业实践就是在努力地塑造着他者眼中所认定的"教师"。这样的角色期待有利于社会与学校等外在的他者对教师的一种限定与控制,进而有利于其控制和影响学校的教育实践与教育结果。但是,当我们一味地以外在的角色期待要求于一个教师时,这些角色期待往往会掩盖了教师真实的自我,而使得教师的专业实践与专业发展受到较大的限制与约束,这样的结果往往就会造成教师诸多的角色冲突,使教师陷入左右为难的困惑之中。

教师专业的角色冲突具体是指教师在角色扮演中同时处于

---

① 黄甫全:《新课程中的教师角色与教师培训》,人民教育出版社,2003,第 11 页。
② 周淑卿:《课程发展与教师专业》,甘肃文化出版社,2005,第 84 页。

两个或更多的地位，并要进行相互矛盾的角色扮演时，所引起的角色与角色之间的冲突现象。教师专业的角色冲突一般也有两种情况。第一种情况，教师专业角色内部冲突，不同教育主体对同一角色持有相互矛盾的角色期待，使得教师专业角色行为发生矛盾，引起角色冲突。或者，教师个体对角色行为有不同的理解，在履行过程中就会发生角色行为与角色期待的冲突。第二种情况，教师专业角色之间的冲突。教师同时承担几个角色，而且同时履行角色行为的要求，就会发生角色间的冲突。

关于教师角色冲突的具体分类，蔡笑岳[①]的研究指出，教师专业的角色冲突可分为以下几种情况：（1）角色职能与角色期望的冲突；（2）社会角色定势与个体角色行为的冲突；（3）角色活动性质与角色活动成果的冲突；（4）角色的责任要求与个人事业成就的冲突；（5）角色职责与不同价值间的冲突；（6）群体组织特性与教师个人自我形象维护的冲突；（7）职业劳动价值与职业劳动报酬的冲突。孙龙存[②]从冲突产生的根源入手，把教师角色冲突分为以下几种类型：（1）所扮演角色的转换引发的角色冲突；（2）不同角色期待引发的角色冲突；（3）对教师行为的不同理解引发的角色冲突，作为"一个人的教师"和"一个教师的人"之间经常会发生冲突；（4）高付出与低待遇引发的角色冲突；（5）角色责任与自我价值实现引发角色冲突；（6）角色扮演竞争引发的角色冲突；（7）学校机构的特征引发

---

① 蔡笑岳：《试析教师角色的心理适应与冲突》，《中国教育学刊》1994 年第 5 期。

② 孙龙存：《知识经济时代教师面临的角色冲突探微》，《教学与管理》2001 年第 1 期。

的角色冲突。董泽芳[①]指出教师角色冲突可表现为：（1）在教师角色追求的目标上，有表现型角色与功利型角色的冲突；（2）在教师角色规范的程度上，有规定型角色与开放型角色的冲突；（3）在角色行为的态度上，有执着型角色与自由型角色的冲突；（4）在教师角色适应的倾向上，有社会中心型角色与学生中心型角色的冲突；（5）在教师角色功能的形态上，有专一型角色与复合型角色的冲突；（6）在教师角色情感的反映上，有自尊型角色与自卑型角色的冲突。由于社会转型的全面性、复杂性，教师角色冲突还表现为：在角色认可的标准上有务实型角色与符号型角色的冲突；在角色关系的平衡上，有教育者角色与同事角色的冲突、教师角色与家庭成员角色的冲突、社会"楷模角色"与普通人角色的冲突等。曾宁波[②]从课程改革的角度探讨了教师角色冲突的问题，教师在接受课程的过程中，存在心理的角色冲突：自我否定的痛苦感，新型师生关系引发的不适应感，教师的知识技能的缺失；教师工作负担重，课程资源缺乏；培训内容与形式缺乏实用性，评价制度与方法滞后。潘涌[③]研究认为，在新课程环境下重新塑造和界定角色职能，教师要经历一个角色适应与角色冲突的过程。教师要由课程规范的复制者转变为新课程的创造者，由课程知识的施予者转变为教育学意义上的交往者，由课程分数的评判者转变为学生自主学习的促进者。

---

① 董泽芳：《社会转型时期的教师角色冲突》，《华中师范大学学报》（哲学社会科学版）1996 年第 6 期。

② 曾宁波：《教师对新课程改革方案可接受性问题的研究》，《中国教育学刊》2003 年第 9 期。

③ 潘涌：《基础教育课程改革与教师角色创新》，《人民教育》2002 年第 9 期。

总而言之，关于教师的角色冲突，研究已经相当深入，但仍有很大的探讨空间。尽管，众多学者从不同角度对角色冲突进行了细化研究，并且对化解角色冲突也提出了解决途径，但是，理性地审视教师的角色与角色冲突，合理地谋求化解角色冲突的路径，仍然需要探根求源，进行理论上的梳理和实践上的探索。尤其是从自我认同这个层面来透视教师的角色冲突与认同危机，有利于丰富教师角色理论，促进教师的专业自主发展和自我建构。

4.3.3.2　教师角色冲突引发的认同危机及其影响

关于教师角色冲突的功能，宋辉等人的研究指出①，适当的冲突有助于教师适应角色的要求，促进教师学习，冲突的解决使教师体会到成功的乐趣。但是，冲突可能会影响到教师的身心健康、工作积极性，影响到教师职业的稳定，诱发部分教师的角色认同危机。教师日益感到难以承受强压在身上的"理想角色"时，理想的角色期待和现实的自我体认之间会冲突频发，进而导致教师的自我发生断裂，自我危机感、茫然感和焦虑感油然而生。教师的角色冲突，以及由此而产生的认同危机，直接影响着教师的工作满意度、职业倦怠、身心健康与教学行为等，进而影响到教师自我的合理认同及其专业自主发展。

在教师生涯中，从初任阶段起，教师就努力将自己塑造为一位他人眼中所认定的"教师"。然而，这些为教师设定的角色可能就与学生、家长、社会大众所期望的角色有差异，甚至产

---

① 宋辉：《教师角色冲突的作用与危害》，《社会科学论坛》2002 年第 7 期。

生矛盾。这些期望有的是随着新的专业论述所带来的角色期望，有些可能是很传统的观点，甚至是反专业的。来自各方不同的角色期望与冲突令专业人员疑惑："什么才是一位专业教师？"①教师的"角色"，被权力体系赋予规约性的意义，教师专业发展的诉求是为了学校和社会的改善，社会赋予教育何种功能，教师自然要成为某种规制的角色。然而，教师是有情感、有意识有个性特征的专业人员，教师有其生命经验，有其自我认同，有其对教育、教学的认知、情感与价值。当我们一味地以"角色"期望要求教师时，教师就会陷入诸多角色的冲突之中，教师的角色冲突会掩盖教师真实的自我，压制了教师的声音。传统的教师角色就存在如下局限：第一，强调教师的知识传递性，忽视教与学过程中知识的创造性；第二，强调教师的权威性，忽视教师与学生之间的合作关系；第三，强调教师的社会责任，忽视教师个体的生命价值；第四，强调教师的学科素养和教学技能，忽视教师综合素质的提高。②在教师专业实践与专业发展的过程中，每一种角色观赋予一系列社会性诉求，教师身处其间难免会陷入角色的冲突与困惑之中。

教师在角色冲突中，需要能够实现合理的角色认同，这不仅有利于教师自我的建构与生成，也有利于教师的专业自主发展。事实上，一种社会角色是否被实现、以何种方式实现以及最终实现的程度如何，一方面取决于社会需要和社会环境等

---

① 周淑卿：《课程发展与教师专业》，甘肃文化出版社，2005，第84页。

② 申继亮：《新世纪教师角色重塑——教师发展之本》，北京师范大学出版社，2006，第3～4页。

外部因素，另一方面则取决于角色主体的专业发展水平等内部因素。教师自身的专业发展直接影响着教师对社会期待角色的认同以及角色的践行水平。自身素质较高的教师不仅能较快地认同和接受合理的社会期待角色，而且能够创造性地完善社会期待角色，使自我角色和社会角色达到有效的统一。教师个人的专业发展水平也影响着他人对教师角色的期望和评价，这种影响反过来又进一步作用于教师的角色意识和角色行为。[①]

4.3.4　教师个人语言的失音

语言是思想的工具，人们借助于语言来把握世界的意义，从这个意义上说，语言是存在的"家"，人以语言之家为家。[②]"一旦人思考地环顾存在，他便马上触到了语言，以语言规范性的一面去规定由之显露出的东西"[③]。存在唯有在语言中显现，我们只能在语言中与存在相遇，"研究一个人就是研究这样一个存在，他只存在于某种语言中，或部分地由这种语言所构成"[④]。维特根斯坦认为讲语言是一种活动的组成部分，或者一种生活形式的组成部分，生活的意义与价值在语言中得到很大程度的体现。教师的语言是教师把握意义的工具，教师的语言是教师存在的"家"，教师应改重视自我的语言。然而，教师的语言更

---

① 申继亮：《新世纪教师角色重塑——教师发展之本》，北京师范大学出版社，2006，第8页。
② 王成兵：《当代认同危机的人学解读》，中国社会科学出版社，2004，第18页。
③ 海德格尔：《诗·语言·思想》，文化艺术出版社，1991，第165页。
④ 查尔斯·泰勒：《自我的根源：现代认同的形成》，译林出版社，2006，第48页。

多地体现为日常语言的运用，缺乏对语言的深度描述和反思理解，这在一定程度上不利于教师对专业价值与意义的把握，不利于教师自我的建构与生成。

4.3.4.1　教师的个人语言

语言是思维工具和交际工具，同思维有密切的联系，是思维的载体和物质外壳和表现形式。语言是符号系统，是以语音为物质外壳，以语义为意义内容的，以音义结合的词汇为建筑材料和以语法为组织规律的体系。语言既是教师专业实践的工具，也是教师专业发展的重要内容。教师的语言是教师进行教学实践的载体，亦是教师专业发展的符号系统。教师的个人语言影响着教师的教学实践，也影响着教师对自身专业实践与专业发展的意义找寻。教师的个人语言同自身的认知状况与言语表达密切相关，它也影响着教师的自我认同。

经历若干年的教学实践，教师往往会形成各自的语言风格，而语言风格影响着教师的教学水平与专业发展。一般而言，成熟的语言风格能够帮助形成独特的教学风格，进而有助于教师自我的建构与生成。教师个人的语言风格与语言能力体现出对自我的确认与定位，而且教师的自我认同需要经过语言的载体，生成自我意义的表达。教师对专业价值、身份与角色等的辨识过程，就是自我生成的过程，这些都需要借助教师的个人语言，教师个人语言的差异影响着教师自我认同与专业发展的状态与结果。

4.3.4.2　教师个人语言的缺失

"随着自我感的丧失，与之俱来的是我们丧失了用来彼此交流深邃的个人意见的语言。"① 那些处于认同危机中的个人，其语言也失去了生活的气息，而显得那样的干涩，他们的语言"就像风从干草中吹过，就像老鼠，在我们干燥的地窖中，踏过玻璃碎片的声音"。② 处在自我认同危机之中的教师，其语言同样失去了专业生活的气息。在意义感缺失的语言中，看不到或者听不到教师对专业价值、身份与角色等的回应，而教师语言的丧失，在某种程度上影响着教师的专业生活质量和自身的专业发展。

教师个人语言的缺失体现在以下几个方面。第一，教师对专业价值、身份与角色的话语看上去比较贫乏。人们经常发现，在讨论某个具体物体时，人们可能滔滔不绝，可以使用丰富而出色的词语。"几乎每个人都能清晰地、准确地说出一辆汽车的各个部件的名称。"③ 可是，人们的谈论对象一旦进入人的生活和意义的论域，语言立刻变得枯燥无味了，我们变得"张口结舌，结结巴巴"。④ 教师往往也缺乏对专业价值、身份与角色等问题的意义追问与语言表达，即便是在谈论教学专业本身，也往往不能用生动可感的语言叙述自我、反思自我。教师想使教学专业的生活有意义、有分量或有内容，或者向某种完美发展，就要通过对有内涵或有目的的专业生活进行叙述，使得他找寻到教学本身的意义与专业发展的意义。第二，教师被他人消音了。教师的身份规约与角色期待更多地是由外在的

---

① 罗洛·梅：《人寻找自己》，贵州人民出版社，1991，第45页。
② 同上，第46页。
③ 同上，第46页。
④ 同上，第46页。

社会性因素所预设的，教师在被动接受的同时会失去自我主动的回应，教师的声音也就愈加微弱。当前教育研究理论界与实践界一定程度上的脱钩，也造成了理论研究不能真切回应教学实践需要的现象，而教师在面对所谓的学术语言时，不能很好地转化为指导自我专业实践的生活语言，而且由于教师个体本身教改科研能力的差异，很多教师在教学生活世界中成了一个"倾听者"和"执行者"。一线的许多教师倾听着行政部门、学校、专家对教学专业实践的诸多诉求，主动抑或被动地回应着这些诉求。在教学生活世界中，在对教学专业本身的反思与提升中，在某种程度上，教师被他人消音了。第三，教师的个人语言缺乏主动性、整体性与反思性。教师的生活是情境型的，充满了片断的经验与故事。教师对专业生活与实践的言语表达也往往体现出很大的随意性、碎片化与感性特征，教师的个人语言在这样一种特征中无法形成对专业实践与专业发展更高层面的言语表达。教师只有个人语言充满了主动性、整体性与反思性，才能更好地审视与反思自我的专业实践与专业发展，充满理性地确认自我、反思自我、规划自我与调适自我，这样才有助于教师自我的合理认同。第四，现有的关于教师专业生活的语言描述缺乏感染力。一线的教师被沉重的工作压力与琐碎的专业生活所困扰，他们对其专业生活的描述发牢骚多于反思性理解，感性体验多于理性思考。关于教师的研究又大多侧重于理论阐述与政策性分析，因此，普遍缺乏对教师专业生活的深度描述，教师的个人语言（尤其是对专业价值、身份与角色的语言）缺乏感染力，影响了教师在语言中对自我的确认。第五，教师不习惯在语言中表达自我，反思自我。由于教师不习惯在语言中表达自我，教师的语言更侧重于教学语言，更侧重于实现教学语言的教育价值，而在一定程度上忽视了对自我情感、体验与思考的表达，进而影响了教师对专业实践与专业经历的叙述，影响了教师对自我的反思性理解。

4.3.4.3　教师语言的转向：叙事与叙述

科伯①认为"自我"是一个模糊的命题，自我与个体对生活经历的叙述是分不开的。在经历中，个体产生了自我的感觉。这些经历是以经验为基础的，通过书面或口头讲述这些经历，个体形成了自我。查尔斯·泰勒也认为我们想使生活有意义、有分量或有内容，或者向某种完美发展，就需要通过对具有内涵或目的的生活进行叙述，从而找寻到过去的意义和生活的意义，这意味着我们不可逃避地要叙述性地理解我们自己。②教师要想使专业实践、专业生活有意义，获得自身的专业发展，同样也需要对自己的专业生活与专业经历进行叙述与反思。因此，教师的个人语言需要一种新的转向，即教师的语言转向叙事与反思。教师应积极参与关于"专业"的论述，在生活的经验与故事中反思自己作为教师的意义与行动，建构个人作为教师的自我认同。

以往的教师专业发展注重订立特定的专业标准，并要求教师逐项达成，以成就其专业性。然而此种概念似乎将教师视同

---

① Kerby, A., *Narrative and the Self Bloomington*, Indiana University Press, 1991.

② 查尔斯·泰勒：《自我的根源：现代认同的形成》，译林出版社，2006，第74~75页。

技术工匠，以为只要施以特定知能的训练，即可造就一位专业的教师。此种技术训练理论以为可以用价值中立的态度来处理师资教育中的诸多复杂问题，结果却造成教师与专业知识间的疏离，以及对外在权威技能指导的依赖。[1] 当代教师专业发展理论建基于对技术训练取向的批判，试图寻回教师作为专业人员的主体性，以开创教师专业发展的新路径。它不再将教师视为一个不带情感的专业知能储存体，而是将教师看作一个个独特的个人，有其生命经验，有其自我认同，有其对教育、教学的认知、情感与价值。在知识论上转向建构主义的观点，肯定教师为知识的建构者；在方法论上则尝试另辟蹊径，注重教师对专业内涵的叙事与诠释。叙事（narrative）重视人的意志、情感、经验和主观诠释，关心一个以叙事方式来思考的人如何有许多可能性。因此，教师的专业发展要重视这一语言转向，要重视教师专业发展中叙事与叙述转向。[2] 对教师而言，自我的叙事与叙述有助于自我的反思性理解，有助于自我的合理认同。在叙事与叙述中，教师重新组织自己的知识与经验，重新理解教师的专业价值与意义。叙事与叙述，以及叙述中的反思能建构教师的自我认同、提升教师专业的自省意识、重构教师的专业知识，从而有益于教师自主的专业发展。

事实上，叙事与叙述直指教师的自我认同，而教师的自我认同正是教师用自己的声音来诠释、反思、理解与建构专业价值、身份与角色等。一位自我认同的教师才能修正那些被预订

① 周淑卿：《课程发展与教师专业》，甘肃文化出版社，2005，第105页。
② 同上，第104页。

的角色，更为合理地界定"教师是什么"。① 教师的叙事与叙述尊重教师的声音，努力促使教师成为一位反思实践者。因为，叙事与叙述重视教师对专业实践中的情感、经验、故事、情境等问题进行主观诠释，在诠释中反思教师的价值、身份与角色等问题，从而在语言转向中、在叙事与叙述中反思性理解地生成自我。教师的叙事与叙述重视教师的专业的经历与经验，往往通过个人取向的研究形式，如传记、自传、生活史、轶事与故事等进行自我的叙述与反思。

教师的叙事与叙述所使用的语言更多地来自生活与实践本身，是朴素的、务实的、感性中透着反思。教师用自己的语言叙述其所见、所思、所想与所感。当代对于教师专业发展研究的叙事趋向，即是希望透过教师生活故事的叙说，协助教师反思其生活的事件与经历，重新建构那些被视为当然的、习以为常的思考与行动意义。然而，在叙事行动上，常常出现两个问题，以致教师叙事无助于专业发展。其一，沉溺于个人事件叙述，而未进入事件脉络因素的思考。其二，流于道德的相对主义，即误以为每个人所叙述的皆各有所据、各自成理，于是可以跟从自己的情感、意图而为所欲为。事实上，叙事重视的是叙事者真实地再现其情感与意图，且真诚地自省与他人沟通观点。教师应当将诠释的、脉络的反思性理解置于优先地位，以避免道德相对主义。②

---

① 周淑卿：《课程发展与教师专业》，甘肃文化出版社，2005，第112页。
② 同上，第114~115页。

4.3.5　教师个人定向的偏差

查尔斯·泰勒认为人的认同危机，体现为一种严重的无方向感。在当代社会中，人的认同危机表现在，他们既失去了定向的需要，也忘却了献身的对象。人似乎不仅成了迷途的羔羊，而且甚至忘记了脚下的位置，人不仅失去了与自然的天生的联系，也失去了继续前行的方向感，失去了定向和献身的需要。[①]教师在专业发展的过程中，同样面临着发展的方向和定位问题，这既是对自身专业经历反思性的结果，也关涉教师自身定向的需要和献身的对象。

4.3.5.1　教师自我定位的偏差

一旦教师对自身的专业实践与专业发展缺乏足够的热情与投入，就会在悲观失望的情绪中丧失自我的方向感。方向感对于教师而言，意味着对自我的定位与规划，意味着专业发展的动力与目标。然而，伴随着教师自我认同的危机，教师对自身的专业价值与人生意义产生了不同程度的怀疑，对人生的方向及专业发展的方向产生迷茫与困惑，教师失去了自我的方向感。教师方向感的丧失是教师迷失自我的表现，也是教师自我定位的一种冲突或出现的一种偏差。

教师对自我的合理定位取决于不同维度的自我认同。在空间维度上，教师是否确认了"理想的我"，是否合理地定位了"现实的我"。"理想的我"决定着教师奉献的对象，决定着教

---

① 查尔斯·泰勒：《自我的根源：现代认同的形成》，译林出版社，2006，第37页。

师发展的方向，而"现实的我"影响着教师社会认同与自我认同的对话与协商，影响着教师对专业实践的反思理解；在时间维度上，过去、现在与未来同样需要自我的定位与规划，尤其是对过去与现在的专业经历与经验的叙述与反思，影响着教师的自我定位。然而，在实践中教师并未合理地、有效地确认专业发展中"理想的我"，对当下的外部空间也缺乏合理认同，对过去与现在的专业经历与经验也缺乏有效的叙述与反思。因此，有相当一部分教师在自身的专业实践与专业发展中不能合理地定位自我，从而在专业发展中出现了方向性的偏差，进而影响到教师生涯的成功。

4.3.5.2 教师自我规划的偏差

在《存在与时间》中，海德格尔指出，根据我们已生成的意义，在一系列现存的可能性中，我们规划着我们未来的存在。当然，无论多么卑微，这就是已经确定的行为结构。根据我处在它的何处的情况，以及在不同的可能性中，我规划着我的生活与它的关系的方向。我的生活总有这种程度的叙述性理解，即我以"因而随后"这个形式理解我的现存行为：有 A（我是什么），因而随后我做 B（我计划要成为什么）。[①] 在海德格尔看来，意义是我们存在的前提，意义就是对有 A（我是什么）的追问与确认，而规划则是我们发展的方向，规划就是做 B（我计划要成为什么），这既涉及发展的方向，也表明了生活规划对于人生的意义与价值。此外，对生活的叙述性理解也是生成意

---

① 海德格尔：《存在与时间》，生活·读书·新知三联书店，2006。

义、规划生活的重要途径与手段。教师也需要在对专业生活与实践的叙述性理解、反思性理解中，生成自我的意义，规划自我的方向。因此，合理的自我认同有助于教师对意义的找寻，有助于教师对未来生活的规划，而教师对生活的叙述性理解既是自我认同的内在要求，也是教师自主发展的内在轨迹。

吉登斯认为生活规划是依据自我的个人经历而动员起来的、准备未来行动进程的手段。① 然而，由于教师缺乏对专业生活与专业实践的有效叙述、合理反思，教师既未生成自我的意义感与方向感，也未能对专业生活进行合理的规划。因此，教师在专业实践与专业发展中就容易陷入"偏离轨道"的危险之中。教师一旦不能合理、有效地规划自我、规划专业生活、规划自我发展的方向，就会在方向迷失中逐渐丧失自我的意义感，从而影响到教师专业生活的质量与专业发展的水平。

4.3.5.3 教师在专业发展中对职业锚的轻忽

职业锚理论的核心就是对专业自我的明晰与确认，进而对自我专业的发展进行种种规划与设计。教师的专业发展需要职业锚，需要对教师的自我进行确认与反思，需要有适宜自身状况的专业规划。教师的专业规划是依据自我的个人经历而动员起来的、准备未来行动进程的手段，它与教师个人的专业生涯周期密切相连。每一个教师都会依据自身的专业经历与专业经验，依据个人的动机、需要和价值观等，不断反思性地确认自

---

① 安东尼·吉登斯：《现代性与自我认同——现代晚期的自我与社会》，生活·读书·新知三联书店，1998，第96页。

我，进而对自己的专业实践与专业发展进行规划与设计。

在专业生涯的不同时期，个人的职业锚呈现不同的特征。在专业生涯初期，个人已经开始逐步确立职业锚，但由于自身的经验与自我的意识尚不明晰，个人主要是进行职业定位与职业规划；个人的专业生涯中期是职业锚确立的关键期，在这个阶段个人开始逐步积累与内化自身的专业经验，在自我反思与外部反馈的交互中，个人基本形成了较为稳定的"自我观"，个体的职业锚也就展现出了不同的发展类型与发展态势。到了专业生涯的后期，个人的职业锚也会随着外部环境的变化，以及自身的专业发展，在稳定的基础上发生某些方面的转变，甚至会重新确立自己的职业锚，这会直接影响到其专业实践与专业发展。教师的职业锚起始于教师以往的学习经历与生活经历，当个人进入教师这行业时，教师的自我意识不断增强，开始逐步确立自身的职业锚。在专业发展的初期，教师个体开始对教学专业进行定位，开始逐步对自身的专业发展进行规划。在专业生涯的中期，教师依循着个人的需要、动机和价值观，在专业实践中逐步确立自己的专业追求与抱负，并且逐步确立了不同的专业定位与发展规划。到了专业生涯的中后期，教师各自形成的职业锚会影响到他们的工作实践与工作业绩，此时的职业锚处于一个稳中求变的过程中。

然而，不是每一位教师都能够形成自己的职业锚，不是每一位教师都能够在专业生涯的不同阶段合理地规划自身的专业实践与专业发展。甚至对于一部分教师，他们并不能够清晰地回答职业锚的三个问题，即"我要干什么"、"我能干什么"和"我为什么干"，这既涉及教师专业的价值与意义，也关涉教师的专业规划与生活规划。当教师不能合理地定位自我，不能有效地规划自我时，就会陷入不稳定的专业发展状态之中，教师职业锚的建立也就无从谈起。而且，在教师发展的不同阶段，教师存在不同程度的对职业锚的轻忽，对自我规划的轻忽。诸如，在初期忽视对生活经历的叙述与反思；在中期忽视教师自我的生成、忽视对职业锚类型的定位、忽视专业发展目标系统的建立；在后期不能随着个人内外环境的变化而对自我的发展做出相应的调整与规划。对教师职业锚的轻忽，对教师自我定位与自我规划的轻忽，深切地影响着教师专业发展的方向与目标，深切地影响着教师自我的合理认同与专业发展。

4.3.6　教师创造性的衰竭

创造性是 20 世纪 50 年代以来由美国心理学家吉尔福特（Guilford）大力倡导和发展的概念。目前这个术语几乎渗入了社会各个领域，成为多种研究领域中的热门课题。创新、创造性等同一系列的问题归根到底都与个人的危机意识有关。个人之所以要培养和发挥自己的创造性，张扬自己的创新意识，归根到底是因为他们意识到了认同危机。是认同危机，是那种"我是谁"和"在哪里"的迷惑和疑问迫使他们在困境中以个人的创造性和创新意识来摆脱困境，再创辉煌。[①] 教师的创新与创造性，影响着下一代的创新与创造性，而创新教育、人的创造性培养，也不例外地成为当前教育界的热门话题。如何提升教师的创造性对于提升教育质量、促进教师专业发展都有着重

---

① 王成兵：《当代认同危机的人学解读》，中国社会科学出版社，2004，第 123 页。

要的价值与意义。教师的创新性与创造性也同样与教师个人的危机意识有关，与教师自我认同的危机有关。同样是教师自我认同的危机、是那种"我是谁"和"在哪里"的迷惑和疑问迫使教师在困境与劳碌中以创造性和创新意识来摆脱困境，在危机与困境中实现自我的意义与价值。

4.3.6.1 教师的创造性与自我认同危机

人是具有创造性的动物，只有在创造性中人类才可以真正体验和塑造自己的认同。人并不满足于处于一种偶然性、变动性的状态，他要做一个"创造者"，所以，创造性也是人的一种根本性需要。[①] 教师的工作本身就是充满创造性的工作，而创造性既是教师工作的一种内在需要，也应成为教师专业发展中的一种根本性需要。只有在创造性中，教师才可以真正体验和塑造自己的认同。在创造性的过程中，教师超越了被动的工作状态，进入自由和自觉的王国。

马斯洛认为，创造性有两种水平：第一种水平叫"特殊才能的创造性"，第二种水平叫"自我实现的创造性"。前者指的是科学家、发明家、作家等杰出人物的创造性，指他们的新想法、新发明、新贡献是整个人类社会前所未有的；后者指的是在开发人的自我潜能意义上的创造性，由此产生的新思维、新事物，对社会和他人不一定是新的，但对创造者自己来说是新的。教师的创造性更多地倾向于后者，即"自我实现的创造性"。教师需要在教学专业实践中开发自我的潜能，在教学中找

---

① 王成兵：《当代认同危机的人学解读》，中国社会科学出版社，2004，第27页。

寻自我的意义，在创造性的教学中提升自身的专业水平。教师的创造性就是其在日常专业生活中，不断辨识自我、超越自我，并在此基础上形成独特的教学风格与教学形式，高效地促进学生的全面发展，同时达成自身不断发展与完善的实现过程。然而，教师的专业生活与专业实践充满了情境性、偶然性与变动性，以及来自不同群体（社会、政府、学校、学生等）的张力，教师身处其中往往感受到很大的工作压力。尤其在应试教育的背景下，教师重复性的劳动替代了创造性的工作，教师不仅未能成为一个"创造者"，反而在压力与劳碌中成为一个"复制者"。在教学实践中丢失了"理想的自我"，丢失了"自我实现的创造性"。

4.3.6.2　教师的创造性的日渐衰竭

身处当代认同危机中的人们，其创造性严重衰竭。他们失去了创造性的动力，也失去了创造性的意识，更是失去了创造的耐心和意志。自我认同的危机影响着教师对教学专业的确认与定位，影响着教师"自我的实现"。在某种程度上，自我认同的危机也会造成教师创造性的衰竭，这不仅会影响到教师更高层次需要的满足，也会反过来影响到教师自我认同的合理形塑。

教师创造性的衰竭主要体现在：第一，创造空间受限，创造动力不强。传统的教育体制和教育模式等束缚了教师创造性能力的发展，教育囿于"统一性"而使教师不能创造。[1] 现行的教育奉行统一大纲、统一教材、统一考试、统一评价标准，在

---

[1]　童爱玲：《教师创造性能力的培养》，《教师教育研究》2007 年第 5 期。

这种统一性和标准化的规范下，教师只能按部就班，教育的个性和创造性自然被束缚得荡然无存。此外，教师往往在实践中承担了繁重的教育教学任务，而且自身的教学改革也未必能够得到外部他者的合理认同。在教学内外工作压力的影响下，教师往往出现职业倦怠的情况，教师的专业情绪低落、个人成就感降低，在教学实践中创造性空间受限、动力不强也就不足为奇了。第二，创造意识薄弱，创造能力缺乏。在传统教育思想的影响下，相当一部分中小学教师依然承袭着旧有的工作方式与思维习惯，过分注重教学的标准化要求，过分重视学生的应试教育，在教学实践中往往按部就班、因循守旧，在教学实践中缺乏创造的意识与能力，不能形成自己独特而有效的教学风格。与之相对，在轰轰烈烈的课程改革背景下，还有一部分教师为改革而改革、为创造而创造，往往并未真正理解教育的新理念，尽管创造性意识较强，但其创造性教学专业的能力并未获得真切的发展。此外，随着网络资源的共享，各类教学资料的丰富，一部分教师享受"快餐文化"，从而在一定程度上，削弱了自身的主动性与创造性。第三，创造目标不当，创造意志不坚。创造性与独特性是教师教学专业实践的内在要求，也影响着教师的教育质量与专业发展。然而，创造性的激发意味着教师要改变现状，要不断地对自我提出新的规划与目标。但是，每一个人都有自己的舒适地带，有自己熟悉的活动范围和经验，一旦要有所逾越，就会面临着较大的困难、危险和失败。因此，许多教师得过且过，在自我熟悉的舒适地带重现着日常专业实践，对教学改革与自身的创造性有一定的否定或排斥的心态，其创造性日益衰竭。

4.3.7 教师的焦虑、压力与倦怠

现代焦虑既是人的一般生存状况的反映，也是人的心理体验，当然也是人的认同危机的表现。[①] 在认同危机的状态中，"伴随这些问题而来的是烦心的焦虑、极度的苦恼"。[②] 从某种意义上说，焦虑乃是人在其生存受到威胁时的基本反应，是人视为与其生存同等重要的价值受到威胁时的基本反应。"焦虑打击到我们自己的内在'核心'：它是我们自身的存在受到威胁时所感受到的那种东西"。[③] 教师也会常常对其劳碌的专业生活持有焦虑的体验，教师在专业实践中总会遇到种种自身很难掌控的问题，伴随而来的是教师的焦虑、压力与苦恼，这直接影响到教师的工作满意度，甚至会加剧教师的职业倦怠。

4.3.7.1 教师的焦虑与工作压力的加剧

因为教学实践的复杂性、周期性与情境性，再加上统一化的评价标准与应试教育的强压，教师往往更容易在专业实践中产生焦虑的心态。焦虑会让教师感受到工作的压力，感受到自我的不确定性。如果焦虑得不到很好的调适，进而会产生烦躁、苦恼、排斥与抵制等心理体验，这些会影响到教师的工作状态，甚至会导致教师工作压力的加剧与职业倦怠的产生。尤其是当前教师群体在日常专业实践中产生了很大焦虑，面临着巨大的

---

① 王成兵：《当代认同危机的人学解读》，中国社会科学出版社，2004，第124页。
② 马斯洛：《人的潜能和价值》，华夏出版社，1987，第400页。
③ 罗洛·梅：《人寻找自己》，贵州人民出版社，1991，第25页。

工作压力，影响到教师的专业情意与专业生活质量。根据 2005
年全国教师职业倦怠的调查[①]，近四成教师生存状况不佳，有
39.2% 的被调查者面临工作压力、倦怠与心理健康等生存状况
方面的问题。有 34.6% 的被调查教师反映压力非常大，有
47.6% 的被调查教师反映压力比较大，两者加起来占到了被调
查教师的 82.2%。当焦虑与压力侵袭而来时，教师需要进行积
极合理的自我调适，否则就容易加剧其职业倦怠，造成工作满
意度的降低。然而，相当部分的教师不能够把焦虑与工作压力
转化为专业实践与专业发展的动力。过度的焦虑与消极的压力，
不仅容易导致教师产生消极的情绪反应，而且会使教师丧失掉
自我的意义感、身份感与归属感。因此，在教师专业实践与专
业发展的过程中，要重视教师的焦虑与工作压力，促使教师能
够有效地进行积极的心理调适，在焦虑与压力中保持良好的工
作状态与情绪体验。

4.3.7.2　教师的倦怠与工作满意度的降低

社会对教师期望过高、要求太多，教师工资和福利待遇相
当差，教师经常处在角色模糊与角色冲突之中，教师工作时间
长、劳动强度大，再加上缺乏良好的组织文化和管理体制，在
专业实践中教师出现了不同程度的焦虑、压力与倦怠。而且，
教师所要教育的学生差异性越来越大、个性越来越强，教师的
工作越来越复杂、越来越烦琐，社会对教育的要求与家长对子

---

① 金忠明、林炊利：《走出教师职业倦怠的误区》，华东师范大学出版社，2007，第 5～
6 页。

女"成龙成凤"的期望，无不加剧着教师的焦虑与工作压力，这些非常容易导致教师的职业倦怠。职业倦怠是一种心理综合征，是发生在与其他人一起工作的个体身上的情绪衰竭、人格解体和降低的个人成就感。情绪衰竭维度是个体症状群中个体内部基础的应激成分，是倦怠的核心成分。人格解体维度是职业倦怠中的人与人之间相互作用的成分。降低的个人成就感维度是职业倦怠中的自我评价成分。① 情绪衰竭指教师个体的情绪、情感处于极度疲劳状态，工作热情基本或完全丧失，它是教师职业倦怠表现中最典型的症状。当教师不能调适工作中的焦虑与压力时，往往会表现出疲惫感，觉得工作负荷沉重，在工作中有一种衰竭、无助的心理体验。人格解体是指教师以消极、否定或麻木不仁的态度对待教学专业本身，往往缺乏积极的情感体验，对教师的专业实践与专业发展表现出冷漠、厌烦的情绪，往往把诸多问题归因于外部空间，归因于学生、家长、学校与社会因素等。降低的个人成就感是指教师评价自我的意义与价值的倾向降低，由于对专业实践与专业发展失去了兴趣与热情，教师逐渐丧失了自我的意义感与方向感，对教学实践会变得心灰意冷，甚至会形成自我贬损的现象等。当降低的个人成就感与情绪衰竭以及人格解体的表现混合在一起的时候，大大降低或减少教师专业发展的驱动力，加剧教师自我的认同危机。

---

① Freudenberger, H. J., "Staff Burnout Syndrome in Alternative Institutions", *Psycholthera-py: Theory, Research& Practice*, 1974 (12), pp. 72 – 83.

4.3.8 教师道德框架的分裂与教师的德性修养

在当代认同危机的众多表现中，个人道德框架的分裂是另一个突出表现。不可否认，在这个多样性的世界中，人是被允许同时接受多样性的道德观念、标准和取向的。然而，就个人而言，多种多样的道德观念、标准和价值取向应当被纳入一个整体性的、综合性的框架之中。完整的、合理的道德框架是一个人能够从容地应对这个世界的必然的前提。也可以说，当代认同是指生活在现代社会中的人们对主体自身的地位、意义和价值以及人们的认识和实践活动所产生的意义、价值和关系的信仰和承诺。[①] 从这个意义上说，所谓认同就是一种道德的框架，"这提供了他们在其中可以决定什么是好的、有价值的或值得赞赏的，即价值观问题采取立场的框架。假如不是这样，他们就说，他们丧失了他们的承诺或认同，也就是说，他们不知所措；就重要层次的问题而言，对他们来说什么是重大的事情，他们将毫无所知"。[②] 以此类推，这些意义、价值和信念的丧失，即道德框架的塌陷，就是所谓的认同危机或所谓的"认同危机"的处境。教师的个人道德框架具有多样性的特征，因为教师不仅要具有社会个体所拥有的道德框架，还需要教师这个称谓背后的道德框架。显然，后者是教师职业道德的根本所在，而它又体现为制度伦理（或规范伦理）与德性伦理两个层面的道德框架体系。因此，教师的认同也可以理解为一种道德的框架，

---

① 王成兵：《当代认同危机的人学解读》，中国社会科学出版社，2004，第124页。
② 查尔斯·泰勒：《自我的根源：现代认同的形成》，译林出版社，2006，第37页。

而这两种框架本身存在对立统一的关系，教师的认同危机也体现为这两个层面的冲突与矛盾。

4.3.8.1　教师个人道德框架的分裂

我国伦理学界的学理探讨一直围绕着当代中国"道德危机"和"道德重建"等问题展开，很多学者在肯定规范（制度）伦理及其价值的基础上阐释了德性伦理及其当代价值。他们认为，当代中国道德危机根源于规范伦理的过度扩张，这种扩张导致道德的形式化和表面化，最终导致道德教育及其对于人的行为调节的无效性，因此必须从德性伦理的重建入手，恢复道德的本真意义，真正提升个体的主体性道德人格。而且，就道德建设次序而言，规范（制度）伦理先于德性伦理；但就道德地位高低而言，德性伦理则高于规范（制度）伦理。虽然实现规范（制度）伦理的外在约束不可或缺，但其对应的是道德建设中低层次的任务。而且，有关道德的各种规范、制度，总是以外在于人的形式存在的，它需要通过人的内化才能转化为人的道德品质。德性伦理是出自个体德性的伦理，即以个体的德性为自因的伦理，是道德、伦理的主体化、个性化过程，是将外在的伦理要求内化为个体自身的道德品性、道德素质的过程。只要人还没有形成内在的德性，还没有成为真正的自由的道德主体，有关道德的规范、制度的道德意义就是不完全的。此外，德性伦理虽然高于制度伦理，但前者又不能离开后者。高层次的道德建设必须以低层次的道德建设为基础，德性伦理的实现需要以制度伦理为前提。如果没有制度伦理所奠定的道德建设的基础，德性伦理就会成为无源之水、无本之木。如果不凭借强有力的制度伦理，有效地抑制不道德行为的发生，那么，即使已经生成的德性也难以继续存活下去。在这个意义上，我们又可以说，虽然德性伦理高于制度伦理，但是，在道德建设中，制度伦理、伦理制度又要先于德性伦理。

　　教师的德性对其专业发展的重要性不言而喻，似乎是一个不证自明的命题。[①]　然而，近些年来，在"技术理性本位"的冲击下，关于教师德性修养的呼声似乎有点日渐式微，逐步被"边缘化"。教师在专业实践与专业发展的过程中同样面临着"道德危机"和"道德重建"问题，而且教师的道德框架同样面临着规范（制度）伦理与德性伦理的分裂与冲突。随着教师专业化进程的不断推进，应该说我们业已建立起了较为完善的教师规范（制度）伦理体系，但是教师道德失范的问题仍然时有发生，教师的德性修养状况不容乐观。当代教师的道德危机，也在某种程度上体现为规范（制度）伦理的过度扩张，从而造成对教师道德诉求的形式化和表面化，并不能真正地提升教师的德性修养，并不能真切地影响到教师的德行。在这样一种道德框架分裂的状态下，对教师职业道德要求得越多，教师面临的道德危机就越凸显；对教师职业规范制定得越细致，教师面临的道德失范就越严重。因此，我们需要从教师的德性伦理入手，恢复教师道德本真意义，真正提升教师个体的主体性道德人格。而且，教师德性伦理的彰显，有利于确立教师的主体性地位，为教师专业实践与专业发展提供道德上的可能性。尽管，教师规范（制度）伦理与德性伦理这两种框架体系有分裂的趋

---

　　① 　吴永军：《论教师专业发展的德性维度》，《教育发展研究》2008 年第 10 期。

势，但二者的对立统一是不容置疑的。教师道德危机的化解需要我们合理地处理两种道德框架的关系，而不能顾此失彼。一个完全遵循道德规则的人未必是一个本心向善的人，只有真正地将外在的规范、规则转化为主体自身内在的德性品质，或者出于主体自身的内在良知的呼唤，在这样的情况下的道德行为才是真正的道德行为。所以，德性是使人成其为真正的人的徽标，是人之为人的内在规定，是人成长过程的指示器和内在力量。[①] 德性伦理关心的问题就是一个人应当成为一个什么样的人，它首先追问和回答人的内在目的是什么，然后才根据这一内在的目的实现自我完善的方法。因此，教师的职业道德修养需要我们在加强教师规范（制度）伦理建设的基础上，特别重视教师的德性伦理建设，而不能一味地强调教师的规范（制度）伦理，忽略教师德性的内在要求。

4.3.8.2　教师的德性修养

德性是主体在长期的、一系列的道德行为中表现出来的综合的、稳定的特征与状态。[②] 德性不是规范，它是对规范的自觉践履，是将外在他律的规范化为主体对自身的内在要求与信念。德性也不同于表现于外的德行，德性不是偶尔的善行，而是德行的稳定形式和能力定势。麦金太尔认为，"德性必定被理解为这样的品质：将不仅维持实践，使我们获得实践的内在利益，而且将使我们能够克服我们所遭遇的伤害、危险、诱惑和涣散，

---

① 王国银：《德性伦理研究》，吉林人民出版社，2006，第 33～34 页。
② 王国银：《德性伦理研究》，吉林人民出版社，2006，第 5～6 页。

从而在对相关类型的善的追求中支撑我们，并且还将把不断增长的自我认识和对善的认识充实我们"。① 德性的整体性贯穿于整个人类社会之中，它把人建立在过去、现在和未来这样一个三维坐标之中，使人的生活、人类社会联系成了一个连续的整体。德性伦理强调德性的教化和养成，以历史、传统、习俗、叙事为场域，关心人存在和发展的理想性和超越性，以追求人的终极生存价值。

较之教师的诸多道德规范，教师德性更多地体现为个体的内在品性，在某种意义上可以看作规范的内化。教师德性与自身的存在有着较为切近的联系：它作为知情意行的统一而凝化于自我的人格，并在本质上呈现为个体存在的内在形态。规范强调"你应当"，而德性则回应"我应当"，教师德性是教师职业道德由他律走向自律的内在轨迹。② 在个体的人性中，德性作为人的稳定的道德品行，是人性中最核心的内容，也是主体性的最基本条件。人只有具备良好的德性，才能形成改造世界的能力，并实现自我。教师只有具有良好的德性，才能理解和吸收符合人类利益和促进社会发展的思想，将教师的职业道德通过人性的光辉表现出来，更好地完成教师的角色任务。

事实上，教师德性的发展是教师在从事教育工作的过程中，不断提高自身的道德修养、充实自我，从而发现生活的意义，获得自我实现的价值的过程。③ 教师德性的获得不是对教师生命

---

① 麦金太尔：《德性之后》，中国社会科学出版社，1985，第 277 页。

② 王文东：《心灵的教化——变革社会中的中国师德》，四川人民出版社，2003，第 266 页。

③ 宋晔：《教师德性的理性思考》，《教育研究》2005 年第 8 期。

和精神的压制，而是教师生命的表达和潜能的释放，教师德性的提高有助于其更加明晰教育生活的意义。教师的德性修养对其专业发展的重要性不言而喻，而教师专业发展中的德性是教师在长期的教育教学实践中逐步形成的高尚的道德与精神品质，是教师专业素质结构中的重要组成部分，对教师专业发展起到了"方向性"（即"定向"）作用。教师的德性植根于、内含于、渗透于教师的专业实践之中，需要教师不断加强自身的德性修养。教师的德性是由本能、情感、语言、劳作、消费、休闲、传统、习俗、价值等各种要素共同作用、共同影响、共同制约而生成和发展的，教师的德性并不是个体自我的产物，而是多极主体在交往活动中相互影响、相互制约、相互建构的。

4.4 对教师专业发展中认同危机的理性思考

面临状况不一的认同危机是教师专业发展过程中不可避免的现象，而如何有效地化解认同危机也会成为影响教师专业发展的分水岭。认同危机具有正向与负向的双重功能。一方面认同危机意味着教师自我的觉醒与变化，意味着教师新的自我认同的生成，意味着教师自我的发展与超越；另一方面认同危机会带来消极的影响，危机中的焦虑、压力影响到教师的专业情意，危机中的教师会出现短暂的困惑与迷茫，危机中的教师面临着新的挑战与要求。因此，如何正确地面对教师自我的认同危机，如何有效地发挥认同危机的正向功能，如何合理地化解认同危机的负向功能，成为教师专业发展过程中亟待解决的现实问题。

4.4.1　缘何要化解教师专业发展中的认同危机

认同的危机是一种严重的无意义感和无方向感，人们常常用不知他们是谁来表达它，但也可被看作是对他们站在何处的极端的不确定性[①]。自我的认同危机是个体对自我的不确定性的一种疑虑和焦虑，是自我价值感的衰落、自我身份感的丧失与自我归属感的迷失。自我价值感的衰落与自我身份感的丧失，对人的自我评价、自我实现和自我发展都有非常致命的影响。自我归属感的迷失不仅影响着个体主体性的发挥，也影响着个体所在群体（或组织）的凝聚力、向心力及其发展的动力系统。教师专业发展中的认同危机表现为教师的价值认同危机与自我意义感的丧失，表现为教师自我身份感的困惑与归属感的缺失，表现为教师专业角色的冲突与困惑。伴随着教师自我价值、身份与角色的认同危机，教师越来越缺乏对自我的审视与反思，处于"失语"状态的教师往往更容易产生焦虑的心态、产生对教学本身的倦怠，从而影响到教学的热情与教学的效果。最为重要的是，伴随着价值认同危机、身份与角色认同危机，以及教师"自我的失音"和"焦虑与倦怠"，教师的创造性也日益耗竭，教师的道德框架也陷入分裂的状态，甚至产生了对教育本身的信仰危机。这些危机的产生真切地影响着教师的生活世界，影响着教师自我的建构与生成，影响着教师的专业发展。如何理性地反思诸如此类的认同危机，如何合理地化解这些认

[①]　安东尼·吉登斯：《现代性与自我认同——现代晚期的自我与社会》，生活·读书·新知三联书店，1998，第 37 页。

同的危机，既是教育理论工作者的职责，也是每一位教师在实践中必须做出的积极回应。

之所以要化解教师专业发展中所面临的认同危机，是因为危机中具有很强的不确定性，孕育着希望与风险。化解不是消除，教师自我认同的危机是不可能消除的，它是教师在专业实践与专业发展中的一种常态。化解的目的是将教师自我认同的危机导向新的合理认同，充分实现认同危机的正向功能，发挥危机对教师专业发展的建设性意义。同时，化解的目的是尽可能地避免教师自我认同危机所带来的消极影响，避免教师出现不合理的认同状态，降低认同危机对教师专业发展所产生的负向功能。在专业发展过程中，对教师自我认同危机的化解，要重视教师"自我"的觉醒与主体性的发挥，重视教师对"我是谁"，对专业价值、身份、角色等的合理辨识，重视教师意义感、身份感、角色观等的获得。教师自我认同危机的化解，要理性地审视教师自我"失语"的发展状态，帮助教师正确地面对焦虑、倦怠与压力等现实的心理困境，帮助教师在创造性的教学实践中实现自我的价值与意义。面对教师专业发展中自我认同的多重危机，既不能消极地应对或抵制，也不能一味地否定。我们需要合理地、有效地化解教师自我认同危机的影响，在危机这样一种持续的发展过程中，促进教师专业发展的自我实现与自我超越。

4.4.2　合理认同与教师认同危机的化解

无论教师自我的认同危机是否被合理地化解，教师都会在危机中生成新的认同，在危机中体验到积极抑或是消极的影响。

危机作为一种认同的持续状态，本身就是教师自我的又一次"觉醒"，或者是教师对"社会性自我"的又一次辨识，辨识的结果影响着教师对自我的重新定位与规划，影响着教师对专业价值、身份与角色等问题的"内在转化"。然而，在危机中有相当一部分教师会陷入无意义感、无归属感、无身份感的状态之中，会对教学专业本身产生焦虑、倦怠、失语和创造性衰竭等体验。这些负向的危机功能需要教师理性面对，需要教师合理地化解其影响。当教师能够有效地、合理地化解这些负面的、消极的影响，教师就能实现自身专业实践与专业发展的又一次超越。因此，我们无法回避教师专业发展中自我的诸多认同危机，但是，我们可以帮助教师合理地应对自我的认同危机，帮助教师生成新的合理认同。合理认同不是自顾自地自我认同，而是在合规律性与合目的性的关系中，帮助教师实现"自我"的合理辨识，帮助教师在叙述与反思中找寻到自我的家园，帮助教师在自我认同的过程中实现自身的专业发展。

合理认同既是化解教师专业发展中自我认同危机的有效路径或方式，也是教师自我认同危机正向功能的最好诠释与理想结果。教师专业发展中自我认同的危机内在地呼唤着教师的合理认同，而合理认同也是教师专业发展的趋势与内在要求。如何更好地界定教师专业发展中合理认同的内涵，如何更好地诠释教师合理认同的内在特征，如何更好地谋求合理认同视域下教师专业发展的实现路径，这些问题既是我们化解教师自我认同危机的一种积极回应，也是教师专业发展中亟待解决的现实问题。

然而，在当代认同问题研究中，"合理认同"和"合理认同观念"属于比较少见的提法。这个观念可以帮助我们从理论上更好地理解和把握当代认同危机问题，特别是就实践和社会生活层面而言，当代合理认同观念应当在生活世界中具有可操作性，并可以在实际生活中得到有效的培养。① 教师专业发展中的合理认同既是理论上的一种思辨与分析，也是对教师专业实践与专业发展的一种积极探索。教师专业发展中合理认同的生成是教师化解自我认同危机的一种积极的、有益的路径，而合理认同本身是教师专业发展中自我认同合规律性与合目的性的统一。教师专业发展中自我认同的合规律性反映了认同的客观性与确定性的特征，它是科学主义与行为主义视野下教师认同的内在反映。教师专业发展中自我认同的合目的性则体现了教师的主体性因素，反映了教师自我认同的主观性与不确定性，它是后现代视野下教师自我认同的转向。

教师专业发展中的合理认同需要恢复或保持教师自我认同的关键性成分与核心特征，即同一性与差异性、连续性与阶段性、整合性与碎片性、内敛性与外散性。教师专业发展中的合理认同需要正常发挥上述这些关键性成分的正向功能，而且它们之间也是内在联系、相互作用和相互支撑的。一旦这几个关键的成分与核心特征出了问题，认同危机的发生也就是或迟或早，或严重或轻微，或持久或短暂的事情了。因此，教师专业发展中的合理认同需要持续地关注这些关键性成分与核心特征，在一种综合认同的状态中，教师才能更合理地辨识自我、反思自我，进而促进自我的实现与自我的发展。

---

① 王成兵：《当代认同危机的人学解读》，中国社会科学出版社，2004，第 95 页。

教师专业发展中的合理认同不是纯粹自我世界的追问与确认，它特别强调"自我"与"他者"的关系协商。因为，真正的"他者"是教师另一个自我，是教师专业发展的一面镜子。教师专业发展中的合理认同需要实现"自我"与"他者"的对话与协商。"他者"需要合理认同教师的专业价值、身份、角色等，教师"自我"也需要反思理解"他者"的因素，并在自我的生活实践中实现自我的价值与专业发展。

教师专业发展中的合理认同也是理性与非理性属性的妥善结合，教师专业发展中的自我的合理认同也可以被理解为理性和非理性的统一。教师的理性导向了教师的知识、能力、专业规划与设计、专业理想等，教师的非理性导向了教师的专业情意与职业道德，导向了教师的意义追寻等。理性和非理性的相互塑造，使得教师专业发展中的自我认同成为一个完整的、有机的整体，使得教师专业发展中的合理认同成为可能。理性与非理性的相互塑造，整合了教师自我的整体性与破碎性、确定性与不确定性、稳定性与无序性、权威性与宽容性等。

此外，教师专业发展中的自我认同与认同危机不是单纯的、抽象的理论思辨，它们亦是教师在教学生活世界中不可回避的复杂现象。教师专业发展中自我认同危机的化解，教师自我认同危机正向功能的发挥，教师专业发展中的合理认同的最终实现，最终都需要回到教师的生活世界之中，在变动和多元化的社会与学校生活空间中寻找最终答案。

第五章　教师专业发展中的合理认同

唯有合理化的认识运动，才会导致具有合理性的认识结果，从而才会合理地指导实践活动，并以合理性的实践结果促进人类的生存发展。合理性是合规律性与合目的性的统一，教师专业发展中的自我认同也是合规律性与合目的性的统一。教师专业发展中自我认同的合规律性反映了认同的客观性与确定性的特征，它是科学主义与行为主义视野下教师认同的内在反映；教师专业发展中自我认同的合目的性则体现了教师的主体性因素，反映了教师自我认同的主观性与不确定性，它是后现代视野下教师自我认同的转向。合理认同不是自顾自地自我认同，而是在合目的性与合规律性的关系中，帮助教师实现"自我"的合理辨识，帮助教师在叙述与反思中找寻到"自我"的家园，帮助教师在自我认同的过程中实现自身的专业发展。教师专业发展中的合理认同既是化解自我认同危机的有效路径或方式，也是教师专业发展中自我认同的最好诠释与理想结果。教师专业发展中自我的认同危机内在地呼唤着教师的合理认同，而合理认同也是教师专业发展的趋势与内在要求。如何更好地界定教师专业发展中合理认同的内涵，如何更好地诠释合理认同的内在特征，如何更好地谋求合理认同视域下教师专业发展的实现路径，这些问题既是我们化解教师自我认同危机的一种积极回应，也是对教师专业发展的一种积极探索。

5.1 合理认同观念的提出

5.1.1 认同的合理性问题

5.1.1.1 合理性的内涵

在英文中，合理性（rationality）一词并不是直接由理性（reason）转化而来的，而是由作为形容词的"合理的"（rational）一词名词化而来的，并且包含了丰富得多的内容。[①] 马克思主义哲学立足于实践来理解合理性问题，把合理性问题看做对事物所具有的"合理的"性质及其根据的确认和评价，认为它所体现的是自觉的和主动的主体对于对象和人与对象关系的合理化发展的一种追求，也是人们力图在实践中合理地引导这种关系并使之向合理化方向发展的一种愿望和能力。所谓合理的，就是合规律而被认为是客观的，合目的而被认为是有价值的，合逻辑而被认为是严密的，合理智而被认为是正常的，合规范而被认为是正当的，有根据而被认为是应当的，有理由而被认为是可理解的，有价值而被认为是可接受的，有证据而被认为是可相信的，有目标而被认为是自觉的，有效用而被认为是可

---

① 欧阳康：《合理性与当代人文社会科学》，《中国社会科学》2001 年第 4 期。

以采纳的，等等。① 合理性就是对人们的思想和行为所应当具有的客观性、价值性、严密性、正常性、正当性、应当性、可理解性、可接受性、可信性、自觉性等的概括与要求，是合规律性与合目的性的统一，也是真理性与价值性的统一。

合理性是具体的，有着极其丰富的内容和极其多样的内涵，合理性标准是一个多样性统一的复合标准体系。各种类型的合理性都有一些共同的特点，即都是合规律性与合目的性的统一，它们构成人文社会科学的合理性的基本内容。合规律性主要指社会实践需要依据或遵循某一社会现象本身的性质、特点和规律而展开，它是社会实践所具有的客观性的一种具体表现。合目的性主要指社会实践需要重视自身的价值取向和发展目标，价值取向与发展目标又体现为社会与个体两个层面的对立统一，它是社会实践主体性的一种内在表现。人们亦大多在这两种意义上使用"合理性"②：第一，工具——目的合理性，它是达到目的的工具手段的有效性。一个行为是合理的，当且仅当它对达到行为者的目的的有效性是人们理性上可接受的。第二，价值合理性，它注重对目的本身合理与否进行反思，即在人的价值、利益、手段及边际条件等方面考察目的合理与否。在人及其实践的基础上讨论行为的合理性，符合马克思主义哲学不仅要认识世界而且要改造世界以服务于人类的内在本性和根本宗旨。

此外，哈贝马斯的交往合理性也为我们探讨合理性问题提

---

① 欧阳康：《合理性与当代人文社会科学》，《中国社会科学》2001 年第 4 期。

② 郑文先：《反思性·合理性·真理性》，《江汉论坛》1995 年第 7 期。

供了新的理论基础与研究视野。所谓交往合理性是使人在客观世界、社会世界和主观世界三个方面都实现了合理化的概念，是通过语言实现的、具有主体间性的、符合一定社会规范的、在对话中完成的、能在交往者之间达成协调一致与相互理解的合理性。哈贝马斯认为，"谁如果整个地自我欺瞒，他的行为就是不合理的；但是谁如果能够对他的不合理性加以澄清，他就不仅拥有一个成熟主体的合理性——一个成熟主体应当具有判断能力，其行为要合乎目的理性，并且具有道德判断能力和实践能力，能够做出直观的价值判断和审美表现，而且拥有对其主体性进行反思和冲破彻底笼罩在其认知、道德和审美等实践表达当中的非理性限制的行为能力"。[①]

5.1.1.2　合理的认同

认同的合理性不能简单地理解为合乎理性的认同，认同的合理性需要探讨"合理的"认同。合理的认同包含了理性与非理性的对立统一，包含了合规律性与合目的性的对立统一。"合理的"认同所体现的是自觉的和主动的主体对于自我的价值、身份与角色等方面的辨识与确认，其目的是将社会群体或个体导向合理化方向的发展。合理的认同应当在生活世界中具有可操作性，并可以在实际生活中得到有效的培养。

（1）合理的认同需要恢复和保持认同中的关键成分

认同有四个关键性的构成成分和要素，即连续性（continuity）、整合性（integration）、同一性（identification）和差异性

---

① 尤尔根·哈贝马斯：《交往行为理论》，上海人民出版社，2004，第21页。

（differentiation）。上述的四个关键性的成分是内在联系、相互作用和相互支撑的，它们的张力、冲突和一致构成并支撑着一个相对完整和稳定的当代认同概念。"当代认同的理想化的概念是被这四个关键的成分聚合在一起的"。[①]

（2）合理的认同是"自我"与"他者"之间的相互塑造

斯特赖克认为，认同是自我的一部分，是个体所在不同的社会背景中与所占据的位置相关联的自我标定的内在化。这样，认同就成了连接个体和社会结构的关键纽带，因为认同是人们关于自身的标定，它与社会结构中的地位及在其中所扮演的角色紧密相连。[②] 真正的"他者"是另一个自我，是自我的一面镜子。"自我"与"他者"的关系协商，相互造就善，共同分享一段历史。

（3）合理的认同是理性与非理性属性的妥善结合

合理的认同是理性属性和非理性属性之间的合理张力前提下的妥善结合。人的理性能力作为一种内在的力量引导着人对世界、自身、关系（人与自身的关系、人与他者的关系）的把握和评价。理性具有理想性的特征，认同总是顺着理性的引导走向更高、更宏伟的目标。非理性是人的精神和心灵活动中重要的组成部分，当代认同中的非理性属性和特征造就了认同的片段性、碎片性和易变性。理性和非理性的相互塑造，使得当代认同成为一个完整的、有机的整体。

[①] Robert G. Dunn, *Identities Crises*, University of Minnesota Press, 1998, p. 58.

[②] 罗之仁：《从斯特赖克认同理论与特纳角色理论看大学生社会定位》，《湖北民族学院学报》（哲学社会科学版）2004 年第 5 期。

（4）合理认同是个体认同与集体认同在社会性空间中的相互塑造

合理认同是认同的个体性与集体性、对自我的关注和对他者的尊重的辩证统一。无论是个体认同还是集体认同，二者都是生成性的、历史性的。认同最为显著和重要的四个要素，即连续性、整合性、同一性和差异性，既适用于个体认同，也适用于集体认同。认同的社会性所侧重的就是认同的结果，认同的个人性则更需要重视认同的过程。

总之，合理认同是自我与他者、理性与非理性、个体认同和集体认同的相互塑造，是认同中各种成分的完美结合。一般而言，认同中的非理性属性、个体属性和认同中的差异性容易遭到忽视、误解或人为的压制。

5.1.2　自我的合理认同

"自我认同并不是个体所拥有的特质，或一种特质的组合。它是个人依据其个人经历所形成的作为反思性理解的自我。"[①]
"自我认同"是一种复杂的、个性化的精神现象，它关涉人的主体性问题，是人对自我意义感的追问，是人对自我真实身份的确认和对自我最终归属的定位。自我认同作为认同的一种基本形态，它既是一种过程、一种经历，也是一种结果，是对"我是谁"的一种确认。然而，自我认同本身就蕴含了危机，个人经历的差异与反思性理解的水平会影响到自我的生成。自我认

---

① 安东尼·吉登斯：《现代性与自我认同——现代晚期的自我与社会》，生活·读书·新知三联书店，1998，第 58 期。

同的合理与否影响到自我意义感、身份感、归属感等的获得，影响到自我与他者的"交往"与"对话"，影响到生活世界中自我的主体性地位与个体自身的主动发展。自我的合理认同也包含了理性与非理性的对立统一，包含了合规律性与合目的性的对立统一。自我的合理认同能够有效地提升个体的主体性定位，能够有效地帮助个体实现自我价值、身份与角色等方面的辨识与确认，并最终促进个体的自主发展。自我的合理认同也应当在生活世界中具有可操作性，并可以在实际生活中得到有效的培养。

5.1.2.1 自我认同的合规律性

（1）自我认同需要恢复和保持认同中的关键成分

自我认同的内在要素与内在成分尽管比较复杂，但显现出几个关键性的构成成分与要素，即：同一性、差异性、连续性、阶段性、整合性和碎片性。自我的合理认同需要持续地保持上述的关键成分，在综合性的认同观念中全面地辨识并确认自我的意义感、身份感与角色观等。第一，自我认同的同一性就是具有一种与他者保持同样性的感觉，是"变化中的同态或同一问题"。[①] 或者说，所谓认同的同一性是指人的认同在不同的方面或条件下，保持同样的状态或事实，是"我"成为自己而不是他者的条件。自我认同的同一性成分直接关涉自我身份的主动辨识，以及自我对某一群体的归属感。第二，自我认同的差

---

① 滕星、张俊豪：《试论民族学校的民族认同与国家认同》，《中南民族学院学报》（哲社版）1997年第4期。

异性成分能够确保在自我和他者之间具有一种界限的感觉，这种成分可以确保认同之间内在的差异性。认同中的差异性主要作用在于保持认同之间的界限，其作用实际上是"同"中求"异"，使得人们在认可、接受和欣赏他者的身份、意义、价值、地位的同时，能够保持自己的独立性和个体性。第三，所谓自我认同的连续性成分，指的是一种自我体验和自我经验感，它造就了一种时间和空间意识，"一个人对在时空中存在的自我一致性和连续性的知觉以及别人认识到一个人的一致性和连续性这一事实的知觉"①。第四，自我认同是一个动态变化的过程，也呈现阶段性的特征，"新的认同的涌现，旧的认同的复活，现存的认同的变迁等"。②自我认同在动态的过程中亦呈现"认同—认同危机—新的认同"的阶段性特征，而且不同的认同阶段经历着"认同混淆、认同阻断、认同延缓和认同有成"③这四种认同状态。第五，所谓自我认同的整合性是指现代人的认同中应当具有的一种整体感，简单地说，就是"我"与整体的动态的整合关系，其功能在于解决如何把他者融入这个自我之中。自我认同的整合性关涉我们要用核心认同去容纳和接受新非核心的、边缘的认同，用既有的认同去接纳新的认同，或用新的认同来改造、改变和革新旧有的认同。只有这样，认同才能保持相对的稳定性和整体性④。第六，自我认同的碎片性体现了后

① 埃里克·H. 埃里克森：《同一性：青少年与危机》，浙江教育出版社，1998，第37期。
② Richards Jenkins, "Social Identity", *Routledge*, 1996（7）.
③ Robert E. Slavin：《教育心理学：理论与实践》（影印版），北京大学出版社，2004，第90~91页。
④ 王成兵：《当代认同危机的人学解读》，中国社会科学出版社，2004，第95页。

现代主义的观念，认为自我认同会呈现"异质性的、流动性的和微妙的"[①] 状态。自我认同就是对琐碎的生活片段的不断体验，就是在碎片化的情境中不断地确认自我。

自我认同的这几个关键性成分是内在联系、相互作用的，它们之间的张力构成并支撑着一个相对完整和稳定的认同概念。自我的合理认同需要持续地关注这几个关键性成分的特征，在一种综合的认同观念中实现自我的确认与发展。对这几个关键性成分或要素的把握，决定了自我认同的合理程度，也影响到自我认同危机的合理化解。从哲学的层面分析，自我合理认同的关键性成分及其相互间的关系，归根结底要回归到"我"与"他者"的关系问题。这里的"他者"集中反映了自我的社会性因素及其对自我生成的影响。自我的合理认同需要处理好自我与"他者"的冲突与矛盾，全面地观照自我认同的关键性成分，合理地审视自我认同的同一性、差异性、连续性、阶段性、整体性与碎片性，唯有这样，才能形成合理的自我认同观，进而在合理认同的过程中，有效地叙述与反思自我，从而实现自我的生成。

（2）自我认同是理性与非理性属性的妥善结合

自我认同涉及肯定与否定、正面与反面、内在与外在、限制与超越等一系列对立统一的关系，而理性属性和非理性属性之间的关系则是其中极为重要的一对关系，它使得自我认同成为一个完整的、有机的整体。事实上，理性与非理性反映了不

---

① R. G. Donn, *Identity Crisis: A Social Critique of Postmodernity*, Minneapolis: University of Minnesota Press, 1998, p. 28.

同的理论派别与研究方法。科学主义、经验主义和行为主义往往注重认同的理性色彩，而后现代主义则强调认同的非理性特征。认同的理性注重认同行为与认同感的自明性与可测性，注重用技术理性来支撑认同的过程与结果。理性具有理想性的特征，认同总是顺着理性的引导走向更高、更宏伟的目标。非理性是人的精神和心灵活动中重要的组成部分，当代认同中的非理性属性和特征造就了认同的片段性、碎片性和易变性。

自我的合理认同需要充分估量理性的作用。因为，人的理性能力作为一种内在的力量引导着人对世界、自身、关系（人与自身的关系、人与他者的关系）的把握和评价。无论是从目的理性还是实体理性的角度来看，自我认同充满着理性主义的魅力。理性是能够反映并且把握事物发展规律的，而事物发生和发展的自身规律性决定着事物变化、发展的方向、方式和路径。在自我认同的过程中，人把握世界和自我的认识能力得到了前所未有的张扬，自我的合理认同洋溢着理性的精神与力量。

自我的合理认同也需要充分肯定认同中非理性的属性及其作用。非理性是人的精神和心灵活动中重要的组成部分，它能够深切地影响人的内在驱动力、情绪情感及人的创造性。与理性相比，非理性本身具有非逻辑性、跳跃性和非恒久性等明显特征。认同的非理性因素体现和决定了自我认同的片段性、碎片性和易变性的态势或样式。所谓片段性，就是指自我认同可以一种非连续和非持续的形态出现；所谓碎片性，是指自我认同并不总是以一种整体性、总体性的态势起作用，它有时候呈现给人们的是一幅马赛克式的图景，其中，含有不规则的、零碎的认同的成分；所谓易变性，是指自我认同并不是一成不变的事物，它总是处于变动不居之中。相对于当代认同的稳定性和恒久性的特征，自我认同的易变性和短暂性往往更令人难以琢磨、把握和预料。

自我认同中理性和非理性属性的交相作用使得自我认同具备和保持了认同的整体性特征。第一，理性的作用使得当代认同必然具有稳定性和恒久性的特点，而非理性的作用则使得当代认同呈现变动性和暂时性的特点。自我的合理认同是稳定性和变动性、恒久性和暂时性的统一。第二，自我认同中理性属性具有连续性和完整性的特点，而非理性的作用使得自我认同具有碎片性和片段性的特色，自我的合理认同是连续性和片段性、完整性和碎片性的统一。第三，追求和建构"秩序"的理性其实是追求稳定性，这种稳定性要求非爆炸性、渐进性，而作为"无序"表现者的非理性则不可避免呈现突发性、爆炸性。自我的合理认同应当是二者合理张力的产物。第四，理性具有可表达的属性，它是可以而且必须被人的语言表达出来的东西。也只有这样，理性自身才可以被构造成科学的、系统的知识体系，并被我们所把握。与理性的这个属性相对应，非理性自身具有一种无法用语言直接和精确表现的属性。承载了这种非理性属性的自我认同呈现一种不可精确表达的独特属性。因此，人们的日常语言难以胜任在任何情形下精确而恰当地表现当代认同的全部属性的任务。自我的合理认同是理性与非理性的妥善结合，这体现了自我合理认同的规律性特征。

5.1.2.2　自我认同的合目的性

合目的性主要指社会实践需要重视自身的价值取向和发展目标，价值取向与发展目标又体现为社会与个体两个层面的对立统一，它是社会实践主体性的一种内在表现。认同问题归根到底是一个价值问题，认同问题的提出源于作为社会主体的个人对于自身生存状况及生命意义的深层次追问。自我认同的合目的性亦强调自我的价值取向与发展目标，它表现为自我与他者之间的对立统一，表现为自我的主体性叩问。

（1）自我的主体性叩问

对于我这个个体来说，确认"我是谁"就是知道自我的关键性特征，知道"我站在何处"，而我的认同则能够让我尝试在不同的情况下决定什么是好的或有价值的，或者什么应当做，或者我应赞同或反对什么。换句话说，这是我能够在其中采取一种立场的视界。① 我的立场、我的视界，是由我的价值观、身份与角色等来规定和承诺的，因此，我的价值认同、身份认同与角色认同等，影响着社会性的自我，影响着自我的主动性、自主性和创造性。人的主动性、自主性和创造性，离不开人对自我的确认，或者说，人对"我是谁"的确认是人的主体性的内在要求，也是人的主体性的根本性问题。自我的合理认同规划了主体性的内在轨迹，而主体性的彰显也是自我合理认同的主题与核心内容。

自我的合理认同强调个体自我意义感、身份感和归属感的

---

① 　查尔斯·泰勒：《自我的根源：现代认同的形成》，译林出版社，2006，第37页。

获得，强调对自我价值和自我意义的发现与肯定。合理认同需要实现自我身份的一种确认，需要帮助个体对群体产生一种归属感。身份感是个体对自我身份所赋予的权利、义务及责任等的一种体验与确认，身份感的获得是个体合理认同的反思性结果之一，它又对应着不同的角色观及角色认同。归属感是自我确认的一种群体性特征，是同一性与差异性的对立统一。归属感既是群体价值、身份、角色等的一种界限，也是个体与群体（或组织）连接的关键性要素，影响着个体与群体（或组织）的发展动力。

（2）合理的价值认同、身份认同与角色认同

认同问题归根到底是一个价值问题，认同问题的提出源自于作为社会主体的个人对于自身生存状况及生命意义的深层次追问。他者认同更多地会侧重于人的社会价值、外在价值，它是一种社会本位的价值取向。自我认同则不仅关注人的社会价值、外在价值，如经济报酬、职业声望与安全、工作环境、领导与同事关系等，也关注人内在的生命价值与发展价值，如理想工作状态的追求、内在的创造性与独立性等。他者认同与自我认同应共同关注价值的全部内涵，这样的交互与协商才会迸发出巨大的发展动力。

身份具有社会性与规约性，对于个体而言，身份往往意味着"被要求"符合一套既定的行为标准。身份是流动的，也是变化的，不是一个可以自我决定的概念。一方面，任何一种社会身份都具有独特的功能和价值，这种功能和价值在社会互动过程中通过他者对自身的角色期待，实现对自身身份和利益的定位；另一方面，身份必须由互动所产生的结构建构起来，

单方面的努力是不可能实现建构的，它必须依赖自我和他者在互动中的共同作用。只有他者认可了自我身份，自我身份最终才能得到社会承认，成为社会身份，并由此获得相应的权力和利益。① 合理的身份认同就是外部他者与自我相互协商而建构生成的。

在复杂的社会活动中，由于个人往往需要同时扮演若干个角色，这些角色对个人均有不同的要求，当这些角色与个人的期望、要求发生矛盾难以达成一致时，就会发生角色冲突。合理的角色认同就是要能够有效地化解诸多的角色冲突，个体需要合理地体认诸多的角色行为，而社会也要合理地规约不同群体的角色期待。社会对某一群体的角色期待越合理，一个人也就越会赞同社会对某个角色约定的行为标准，在这样一种沟通与协商中，合理的角色认同才能有助于自我的主动发展。

5.1.2.3　交往理性视野下的合理认同

哈贝马斯在"自我"发展理论的基础上进一步提出了"自我认同"理论。所谓"自我认同"，哈贝马斯认为，"表达了某种相互矛盾的关系：作为一个一般的人，自我与所有其他的人都一样；但作为一个个体，他绝对不同于其他所有个体。自我认同在某种能力中证明了自身，这种能力使成年人在冲突的环境中构建了新的认同，并使新的认同与过去的、被取代的认同相和谐，从而把自己和他人的相互作用纳入统一的生活历史"。②

---

① 曲正伟：《教师的"身份"与"身份认同"》，《教育发展研究》2007 年第 4A 期。
② 哈贝马斯：《交往与社会进化》，重庆出版社，1989，第 94 页。

（1）合理认同是自我与他者之间的相互协商与相互塑造

放到当代认同问题研究的大背景中理解，行为主义方法之所以为西方研究认同的学者频繁地引用、推荐并逐渐渗透到其他学科领域中去，主要原因在于，这个研究方法首先摈弃了先验的、脱离现实的认同，转而关注在交往行为中的认同关系，注意自我认同与社会进化之间的双向互动关系，注重自我社会化的过程和人的社会交往的过程。"如果认同是社会生活的必要的先决条件的话，反过来也可以成立。从其他人的社会生活中孤立出来的单个的认同（即体现在自我性中的认同）是没有意义的。个人是独一无二的和变化无常的，但是，自我性是彻头彻尾社会地构成的"。[①]

事实上，真正的"他者"是另一个自我，真正的"他者"是一面镜子。自我是从"他者"的视角的位置上逐渐看清了自己。自我与真正的"他者"相互造就善，共同分享一段历史。斯特赖克就认为，认同是自我的一部分，是个体所在不同的社会背景中与所占据的位置相关联的自我标定的内在化。这样，认同就成了连接个体和社会结构的关键纽带，因为认同是人们关于自身的标定，它与社会结构中的地位及在其中所扮演的角色紧密相连。[②]

自我与他者的相互塑造离不开自我认同、集体认同与社会认同的相互塑造，而合理认同就是认同的个体性与集体

[①] Richards Jenkins，"Social Identity"，*Routledge*，1996（20）.

[②] 罗之仁：《从斯特赖克认同理论与特纳角色理论看大学生社会定位》，《湖北民族学院学报》（哲学社会科学版）2004 年第 5 期。

性、对自我的关注与对他者的尊重的辩证统一。无论是个体认同还是集体认同，二者都是生成性的、历史性的。认同最为显著和重要的四个要素，即连续性、整合性、同一性和差异性，既适用于个体认同，也适用于集体认同。认同的社会性所侧重的就是认同的结果，认同的个人性则更需要重视认同的过程。

（2）自我的合理认同需要回归生活世界

"生活世界"就是我们的经验的基地，从这个基地出发，一切经验的可能性结构和有效性才能得到理解。生活世界最初是由胡塞尔提出来的，哈贝马斯用它来把握现代社会的基本结构。哈贝马斯认为，"生活世界"包括三大结构成分：文化、社会和个人。实际上，生活世界，正如在现象学上提出的一样，是那种设定的日常社会行动的领域。在文化层面上，人类的相互沟通不单依赖文化资料作为交往的媒介，在交往的过程里，会同时传递和更新文化的知识。在社会层面上，交往不单调节不同意见或社会行为，并且会促使社会整合和人类的归属感。至于在个性方面，交往行为是达致社会教化的过程，它促使个人自我价值观的建构[①]。生活世界本身是结构性的，三种要素之间是互动的关系，只有这三者的良性互动，才能使生活世界从整体上处于健康状态，不至于产生危机。

自我的合理认同需要对"生活世界"中的个人经历与经验进行反思性理解，而认同危机的化解也需要重新审视文化、社会和个人这三种要素对自我生成的影响。事实上，在文化背景

---

① 尤尔根·哈贝马斯：《交往行为理论》（第一卷），重庆出版社，1994，第137页。

下，生活世界的合理化和再生产，实际上就是个体的社会化和社会的个体化的双向过程。在这一过程中，个体通过学习机制，在自我发展历史中，通过交往形成自我确定性。而且，这也意味着个体将会从社会结构所赋予角色的规定性转向自主性。社会个体化则是在个体的交往和学习过程中，社会规范内在化为个体的人格结构的一部分，使总体的普遍规定性体现在特殊的个体之中。

（3）自我的合理认同需要重视语言的转向

哈贝马斯认为交往合理性是使人在客观世界、社会世界和主观世界三个方面都实现了合理化的概念，是通过语言实现的、具有主体间性的、符合一定社会规范的、在对话中完成的、能在交往者之间达成协调一致与相互理解的合理性。无论如何，我们一旦使用"合理的"（rational）这样一种说法，也就在合理性和知识之间建立起了一种紧密的联系。合理性更多地涉及具有语言和行为能力的主体如何才能获得和使用知识，而不是对知识的占有。①

自我的合理认同是通过语言实现的、具有主体间性的、符合一定社会规范的、在对话中完成的、能在交往者之间达成协调一致且相互了解的合理性。自我的合理认同天然地和自我的语言与知识建立起紧密的联系，更多地涉及自我语言的表达，以及关于自我主体性认知的知识建构。因此，自我的合理认同要重视语言转向的研究取向与路径指引。

---

① 尤尔根·哈贝马斯：《交往行为理论》，上海人民出版社，2004，第8页。

5.1.3　教师专业发展中合理认同的内涵

教师专业发展中的合理认同既是理论上的一种思辨与分析，也是对教师专业实践与专业发展的一种积极探索。教师合理认同的生成是教师化解自我认同危机的一种积极的、有益的路径，而合理认同本身是教师自我认同合规律性与合目的性的统一。教师自我认同的合规律性反映了认同的客观性与确定性的特征，它是科学主义与行为主义视野下教师认同的内在反映。教师自我认同的合目的性则体现了教师的主体性因素，反映了教师自我认同的主观性与不确定性，是后现代视野下教师自我认同的转向。教师专业发展中的合理认同需要恢复和保持认同中的关键成分，重视"自我"与"他者"之间的相互塑造，而且教师专业发展中的合理认同本身也是理性与非理性属性的妥善结合。

教师专业发展中的合理认同需要恢复或保持教师自我认同的关键性成分与核心特征，即同一性与差异性、连续性与阶段性、整合性与碎片性、内敛性与外散性。教师专业发展中的合理认同需要正常发挥上述这些关键性成分的正向功能，而且它们之间也是内在联系、相互作用和相互支撑的。

教师专业发展中的自我认同与专业发展是理性与非理性的统一，教师的理性导向了教师的知识、能力、专业规划与设计、专业理想等，教师的非理性导向了教师的专业情意与职业道德，导向了教师的意义追寻等。理性和非理性的相互塑造，使得教师的自我认同成为一个完整的、有机的整体。理性与非理性的相互塑造，整合了教师自我的整体性与破碎性、确定性与不确定性、稳定性与无序性、权威性与宽容性等。

教师专业发展中的合理认同是教师自我的主体性叩问，是教师对其专业"自我"的一种合理辨识，是由教师个体与社会因素共同协商而确立的。教师专业发展中的合理认同强调教师对其专业价值、身份与角色等进行一种合理辨识与建构，强调教师合理建构属于自我的专业内涵。而且，教师专业发展中的合理认同注重教师"自我"与"他者"之间的相互对话与协商。"他者"需要合理认同教师的专业价值、身份、角色等，教师"自我"需要反思理解"他者"的因素，并在自我的专业实践中实现自我的价值与发展。

教师专业发展中的合理认同还需要重视语言的转向，重视在叙述与反思中生成自我，在叙述与反思中促进自身的专业发展。教师专业发展中的合理认同不是单纯的、抽象的理论思辨，而是教师在教学生活世界中不可回避的复杂现象。教师的合理认同最终要回到教师的生活世界之中，在教师所处的社会生活空间中去寻找最终答案。

5.2　教师专业发展中自我认同的合规律性

5.2.1　恢复和保持认同中的关键成分

教师专业发展中的自我认同需要持续地恢复和保持几个关键性的构成成分与要素，即：同一性、差异性、连续性、阶段性、整合性和碎片性。第一，教师专业发展中自我认同的同一性是指具有一种与他者保持同样性的感觉，这里的他者就是教师社会性的自我。自我认同的同一性强调教师对其专业价值、身份与角色等的主动辨识，以及对教师群体所产生的一种归属感。第二，教师专业发展中自我认同的差异性则要确保教师在自我与他者之间具有一种界限的感觉，亦即教师要确认自我的内在差异与独特性，即在合理认同教师的身份、意义、价值等的同时，能够保持自己的个体性，能够在"同"中求"异"。第三，教师专业发展中自我认同的连续性则指的是一种教师对其专业经历与专业实践所生成的自我体验或自我经验感，它能够使教师在时空转换中持续地叙述自我、反思自我，并表现为一种保持自我认同一致性和连续性的知觉。第四，教师专业发展中的自我认同是一个动态变化的过程，也呈现阶段性的特征，它与教师的专业发展阶段理论有着内在的关联性。教师面临着诸多的自我认同危机，而危机的化解内在地呼唤着教师新的、合理的认同，教师在"认同—认同危机—新的认同"的动态过程中，反思性地生成真正的自我。第五，教师专业发展中自我认同的整合性是指教师在认同中所具有的一种整体感，是教师对自我认同的一种整体把握，其功能是帮助教师用核心认同去容纳和接受新非核心的、边缘的认同，用既有的认同去接纳新的认同，或用新的认同来改造、改变和革新旧有的认同。只有这样，认同才能保持相对的稳定性和整体性①。第六，教师专业发展中自我认同的碎片性内在地反映了教师的专业生活与专业经验的碎片化，教师自我的合理认同就是要重视对琐碎的专业生活与专业经验的不断体验与反思，需要教师在碎片化的情境中不断地叙述自我、反思自我，实现自我的建构与

---

① 王成兵：《当代认同危机的人学解读》，中国社会科学出版社，2004，第95页。

生成。

自我认同的关键性成分影响着教师专业发展中的合理认同，而这几个关键性成分是内在联系、相互作用的，它们之间的张力构成并支撑着一个相对完整和稳定的教师自我认同的概念。对这几个关键性成分与要素的把握，决定了教师专业发展中自我认同的合理程度，也影响到教师专业发展中自我认同危机的合理化解。教师专业发展中的合理认同需要全面地观照自我认同的关键性成分，合理地审视自我认同的同一性、差异性、连续性、阶段性、整体性与碎片性，唯有这样，才能形成自我的合理认同观，进而在合理认同的过程中，有效地叙述与反思自我，从而促进教师的专业发展。

5.2.2　重视教师专业理性与非理性属性的妥善结合

人是理性和非理性的统一，教师专业发展中的合理认同亦不例外，也可以被理解为教师专业理性和非理性的统一。教师专业发展中的合理认同同样无法回避对理性与非理性关系的讨论，教师自我认同的理性色彩，注重认同行为与认同感的自明性与可测性，注重用技术理性来支撑教师自我认同的过程与结果。而教师自我认同的非理性则是教师的精神和心灵活动中重要的组成部分，教师自我认同的非理性属性和特征造就了教师自我认同的片段性、碎片性和易变性。教师专业发展过程中的自我认同是理性与非理性的妥善结合，教师的专业理性导向了教师的知识、能力、专业规划与设计、专业理想等，教师的非理性导向了教师的专业情意与职业道德，导向了教师的意义追寻等。理性和非理性的相互塑造，使得教师专业发展中的自我认同成为一个完整的、有机的整体，使得教师专业发展中的合理认同成为可能。理性与非理性的相互塑造，整合了教师自我的整体性与破碎性、确定性与不确定性、稳定性与无序性、权威性与宽容性等。

教师专业发展中的合理认同需要充分估量理性的作用。教师的专业理性能力作为一种内在的力量引导着教师对专业价值、身份、角色等方面的把握和评价，引导着教师的专业实践。教师专业发展中的自我认同充满着理性主义的魅力，理性的力量能够使教师理解并把握其专业发展的规律、方向、方式与路径，帮助教师在专业发展的历程中不断提升自身的专业素养与能力。教师专业发展中的合理认同需要充分肯定认同中非理性的属性及其作用。教师的非理性是教师精神和心灵活动中的重要组成部分，深切地影响教师内在的驱动力、情绪情感及教师的创造性。教师的非理性本身也具有非逻辑性、跳跃性和非恒久性等明显特征，这些特征体现和影响着教师专业发展中自我认同的片段性、碎片性和易变性。

总之，理性和非理性属性的交互作用与妥善结合，使得教师专业发展中的自我认同具备和保持了认同的整体性特征，使得教师在合理认同的过程中实现了自主的专业发展，这也体现了教师专业发展中合理认同的规律性特征。

5.3　教师专业发展中自我认同的合目的性

教师专业发展中自我认同的合目的性主要指教师需要重视自身的价值取向和发展目标，重视对自身生存状况及生命意义进行深层次的追问。教师专业发展中自我认同的合目的性表现为教师自我的主体性叩问，表现为教师在价值认同、身份认同与角色认同方面的合理辨识与合理建构。

5.3.1 重视教师专业发展的主体性叩问

教师专业发展的主体性，从根本上就是对"我是谁"的主体式追问。确认"我是谁"及"教师是谁"就是知道教师专业发展的关键性特征。教师专业发展中的价值认同、身份认同与角色认同等，影响着教师专业发展的主动性、自主性和创造性。教师专业发展中的合理认同规划了教师主体性的内在轨迹，而主体性的彰显也是教师合理认同的主题与核心内容。然而，"教师往往只具有被高尚与奉献精神掩抑着的工具性的'主体性'。人们主要是由外在的社会价值取向，并非主体性的意义范畴，提高技术职业道德规范和学术标准，通过责任与义务的解释，来建构技术的素质规格和培养体系的。教师内在的价值取向、内在的成就动机、良心和良知的体悟以及自我实现的价值目标，并没有受到重视。因此，就导致了真正意义上教师主体性的失落"。[①]

教师专业发展主体性的确立，内在地要求教师在其专业实践中，成为具有主动性、自主性与创造性的专业人员。教师在其专业实践与专业发展中的主动性、自主性与创造性，既受制于诸多的社会性因素，也受制于教师自身的专业素养及专业能力。但是，影响教师专业实践与专业发展的社会性因素，也需

---

① 杨启亮：《论主体性教师素质的培养》，《教育评论》2000 年第 2 期。

要通过个体的自我反思投射，才能发挥其内在规约与影响。因此，教师的专业发展归根是教师对其教学专业身份的一种确认，归根是教师对"我是谁"和"理想的我"及"现实的我"的一种追问与确认。教师专业发展中的合理认同，能够激发其对专业实践与专业发展的积极性、能动性与自主性，能够有效地提升教师的创造性与独立性。教师专业发展中的合理认同不仅激发着教师专业实践与专业发展的动力系统，也导引着教师专业发展的目标与路径。

5.3.2 实现教师专业价值、身份与角色的合理建构

认同问题归根到底是一个价值问题，认同问题的提出源于作为社会主体的个人对于自身生存状况及生命意义的深层次追问。对于教师的价值而言，它最为普遍的一种分法是分为社会价值和主体价值两个基本方面。教师的社会价值一般包括政治价值、经济价值、文化价值等；教师的主体价值一般包括实用价值、精神价值和生命价值等。教师的他者认同更多地会侧重于教师的社会价值、外在价值，是一种社会本位的价值取向。教师专业发展中的自我认同则不仅关注教师的社会价值、外在价值，如经济报酬、职业声望与安全、工作环境、领导与同事关系等，也关注教师内在的生命价值与发展价值，如理想工作状态的追求、内在的创造性与独立性等。教师的他者认同不仅要关注到教师社会价值层面的东西，更要关涉教师主体生命价值的实现，只有在良好的外部空间中，教师这个职业或专业才会更具吸引力，教师的专业发展才能获得更大的动力支持。对于教师专业发展中的自我认同而

言，我们在不满或抱怨主体生命价值未被充分认同的同时，也要清醒地知道，真正的专业自我并不在于教师的外在社会价值，而是潜藏在教师的专业实践之中，在教学中能够感受到快乐与满足的教师才能更好找寻与确认"我是谁"，才能更好地实现自身的专业发展。

教师专业身份的自我认同是决定教师做些什么最基本的一部分，教师的身份认同是教师工作动力的基本源。所以，教师的专业发展所关心的不能停留在有关"专业"的描述与规约性意义上，而应重视教师"专业身份"的意义磋商与建构生成。对于教师的"专业身份"需要从两个方面去把握：一方面，教师的身份具有独特的功能和价值，以社会为代表的他者更重视教师这种功能与价值的实现，赋予教师与之相应的身份规约与角色期待，以期促进教师的专业实践与专业发展；另一方面，教师身份不是"朝圣式"的被动接受，而是"旅行式"的意义磋商与建构生成。教师的身份认同离不开自我与他者的交互与协商，离不开"自我"的反思性理解与建构生成。

教师在专业发展中所遭遇到的角色期待与角色冲突以及由此而产生的认同危机，对教师的工作满意度、职业倦怠、教育效果及身心健康等均有较大影响，这些都会直接地影响着教师的专业实践与专业发展。因此，教师专业发展中的角色认同需要妥善地处理好教师自我与他者的关系，重视自我与他者的沟通协商与相互塑造。角色期待体现了他者对教师的功能性规约，体现了教师自我的社会性因素，但当诸多角色期待强加于教师而忽略了其专业价值与身份时，教师的角色冲突以及由此引发的认同危机也就不可避免。所以，社会需要理性地审视教师的专业角色，而教师本身也要合理地内化诸多的角色期待，二者之间只有在协商中才能化解角色冲突的负面功能，只有在相互塑造中才能真正促进教师的专业发展。

5.4 教师专业发展中自我认同合规律性与合目的性的统一

教师的专业发展离不开教师的生活世界，离不开教师自我的主体觉醒，离不开社会性因素与教师个体因素的交互影响。教师专业发展中的合理认同需要重新审视其所处的外部环境，在教师自我与他者的相互协商与塑造中，真正地发挥教师专业发展的主体性，真正地促进教师的专业发展。在教师专业发展的过程中，我们需要重视教师自我与他者的相互协商与塑造，重视教师专业发展的语言转向。

5.4.1 重视教师自我与他者之间的相互协商与塑造

放到当代认同问题研究的大背景中理解，行为主义方法之所以为西方研究认同的学者频繁地引用、推荐并逐渐渗透到其他学科领域中去，主要原因在于，这个研究方法首先摈弃了先验的、脱离现实的认同，转而关注在交往行为中的认同关系，注重自我认同与社会进化之间的双向互动关系，注重自我社会化的过程和人的社会交往的过程。"如果认同是社会生活的必要的先决条件的话，反过来也可以成立。从其他人的社会生活中孤立出来的单个的认同（即体现在自我性中的认同）是没有意义的。个人是独一无二的和变化无常的，但是，自我性是彻头彻尾社会地构成的"。①

事实上，真正的"他者"是另一个自我，真正的"他者"是一面镜子。自我是从"他者"的视角的位置上逐渐看清了自己。自我与真正的"他者"相互造就善，共同分享一段历史。教师专业发展中的合理认同同样需要自我与"他者"之间的相互协商与塑造，同样需要自我认同与他者认同之间的交互与协商。教师自我与他者之间的相互协商与塑造，主要体现在价值认同、身份认同与角色认同三个层面，这三层面又内在联系、相互制约。在专业实践与专业发展的过程中，以社会为代表的他者与教师的自我都需要重视教学专业的内外价值，需要特别重视教师的主体生命价值与发展价值。在身份认同层面，以社会为代表的他者需要合理地规约教师的权利、责任与义务等，而教师也需要合理地建构自我的多重身份，在意义磋商与反思性理解中生成真正的自我。在角色认同层面，以社会为代表的他者需要理性地审视教师的专业角色，教师本身也要合理地内化诸多的角色期待，二者之间只有在协商中才能化解角色冲突的负面功能，只有在相互塑造中才能真正促进教师的专业发展。

5.4.2　重视教师专业发展的语言转向

自我的合理认同是通过语言实现的、具有主体间性的、符合一定社会规范的、在对话中完成的、能在交往者之间达成协调一致且相互了解的合理性。自我的合理认同天然地和自我的语言与知识建立起紧密的联系，更多地涉及自我语言的表达，

---

① Richards Jenkins, "Social Identity", *Routledge*, 1996（20）.

以及关于自我主体性认知的知识建构。因此，自我的合理认同
要重视语言转向的研究取向与路径指引。

　　语言是思想的工具，人们借助于语言来把握世界的意义，
语言是存在的"家"。[①] 教师的语言是教师把握意义的工具，也
是教师存在的"家"。教师专业发展中的合理认同也是通过语言
实现的、具有主体间性的、符合一定社会规范的、在对话中完
成的、能在交往者之间达成协调一致且相互了解的合理性。教
师对专业价值、身份与角色等的辨识过程，就是自我生成的过
程，这些都需要借助教师的语言，教师语言的差异影响着教师
自我认同与专业发展的状态与结果。在叙事与反思的语言转向
中，教师专业发展中的合理认同不单单是抽象地对自我进行一
种建构，它更强调在教师的日常教学世界中，对教师的专业经
历、专业经验进行一种深度描述，在叙事与叙述的基础上，在
经验与意义的基础上，反思性理解并生成教师真正的自我。[②] 叙
事与反思天然地联系到一起，共同地为教师的自主专业发展创
设了一条实现路径。教师需要重视这一语言转向，需要积极参
与关于"专业"的论述，在生活的经验与故事中，反思自己作
为教师的意义与行动，从而真切地促进其持续的专业发展。

---

① 王成兵：《当代认同危机的人学解读》，中国社会科学出版社，2004，第18页。
② 查尔斯·泰勒：《自我的根源：现代认同的形成》，译林出版社，2006，第74~75页。

第六章　合理认同视域下教师专业 发展的实现路径及策略

　　教师专业发展中的合理认同需要恢复和保持自我认同的关键性成分与核心特征，它是教师专业理性与非理性的统一。教师专业发展中的合理认同是教师自我的主体性叩问，需要实现对专业价值、身份与角色等的合理辨识与合理建构，需要重视教师专业发展的语言转向与对话协商。教师通过对其生活历程与专业经历，以及自身经验系统的一种深度叙述与反思性理解，规划着自身专业发展的目标系统。教师通过对来源于专业实践的教育经验的有效叙述，反思性地提升着自身的专业能力与素养。教师专业发展中的合理认同，内在地导引着教师专业发展的实现路径。在专业发展的过程中，教师需要注重"自我"的觉醒与主体意识，重视在叙述中进行反思，重视与他者的交往与协商，重视相关心理机制的培育与自我的积极调适。

6.1　教师专业发展过程中的"自我"觉醒与生成

　　"当一位教师能追寻、建构自己的认同，才可能有负责任的自主行动和不断成长的动力，这样的教师才能找到自己和学生的主体性"[1]，教师专业发展的过程就是教师找寻自我、生成自我的过程。在专业发展的过程中，教师"自我"的觉醒意味着教师主体性的萌芽，意味着教师专业自主发展的原初动力，而教师"自我"的生成既是教师自我认同的终极结果，也是教师专业发展中合理认同的内在轨迹。教师专业发展中的合理认同，让教师赋予专业经历与生活经验以意义，让教师不断确认自己要成为一位什么样的教师，不断确认自己和学生之间要追求何种意义，这才是教师专业发展的真义。[2] 在合理认同的视域下，教师的专业发展需要重视"自我"的觉醒与生成，需要在不同情境、不同阶段持续地保持认同的关键性成分，需要在危机中动态地把握认同的规律。

6.1.1　教师在专业发展中需要合理地辨识自我、定位自我

教师不是游离的分子，不是抽象的存在，教师生活在社会与学校之中，教师专业发展及其自我认同受到社会性因素及学校组织的影响。在对专业发展内涵合理辨识与主动建构的过程中，教师逐步确立着自身专业发展的坐标，确立着自身专业发展的内容与途径等。在专业发展的过程中，教师需要合理地辨识自我，需要注重自我认同的同一性与差异性，在合理辨识的过程中生成教师自我的意义感、身份感、归属感以及个体的独

---

[1]　周淑卿：《课程发展与教师专业》，甘肃文化出版社，2005，序言。

[2]　同上，第89页。

特性。

6.1.1.1 注重教师专业发展中自我认同的同一性

同一性确保自己与他人之间的一致性。没有同一性，就很难确认自己真正的身份感和角色观，很难建立内在的归属感。教师专业发展中自我认同的同一性也要具有一种与他者保持同样性的感觉，它影响着教师自我的意义感、身份感、归属感与角色观等。在专业发展的过程中，注重自我认同的同一性就是要求教师对其专业价值、身份与角色进行合理辨识与建构。尽管生存的外部空间并不一定理想，相对于自我的他者并不一定会合理地认同教师的价值、身份与角色等，但教师作为一个活生生的工作者，有一整套外部赋予的价值诉求、身份规约与角色期待等。教师需要合理地辨识这些价值诉求、身份规约与角色期待等，在辨识的过程中生成注重社会性因素对教师专业发展的影响，在"社会性自我"的参照下，合理地建构自身的专业发展，合理地建构教师真正的自我。

6.1.1.2 注重教师专业发展中自我认同的差异性

教师专业发展中自我认同的差异性即要确保教师在自我与他者之间具有一种界限的感觉，即教师要确认自我的内在差异与独特性，在合理认同教师的身份、意义、价值等的同时，能够保持自己的个体性，能够在"同"中求"异"。究其原因，教师个体的生活经历、专业经历各不相同，教师个体的人格特质各有差异，教师个体反思性理解的水平层次不一，因此，在注重同一性，强调对社会性自我内化的同时，教师需要保持自我认同的差异性，保持教师个体专业发展的独立性与个体性。教师需要在教学实践与专业发展中找寻到属于自己的"独特风格"。总之，教师需要重视对专业发展内涵的合理辨识与主动建构，需要重视对教师专业价值、身份与角色的合理辨识与主动建构，需要重视教师自我的归属感与个体独特性，既要保持教师群体的特性，也要"同"中求"异"，保持自我认同与专业发展的独立性与个体性。在同一性与差异性的统一中，教师才能够有效地实现自我的合理认同，从而促进自身持续的专业发展。

6.1.2　教师在专业发展中需要有效地规划自我

教师的专业发展是教师个体的行为经历与其专业经历相契合的过程，在这一动态过程中，教师个体始终在追问着"我是谁"及"教师是谁"，并力求通过自己的专业实践来反思性理解地生成自我，不断提升自身的专业能力与素养。在专业发展的动态过程中，在专业发展的不同阶段，教师需要持续地进行自我反思与自我规划。

6.1.2.1　在专业发展的过程中重视自我反思与自我规划

教师专业发展中的合理认同影响着教师个体对其专业经历与专业实践所生成的自我体验或自我经验感，它内在地要求教师在时空转换中持续地反思自我、规划自我，并保持自我认同的一致性和连续性。从时间的维度，教师的专业发展对应着过去、现在和未来的经历与经验，对应着不同阶段的专业规划与设计。在专业发展的过程中，教师需要重视在不同发展阶段对自我的追问与确认，需要对不同阶段的专业经历与经验进行一种反思性理解，需要重视对当前阶段"现实自我"的一种反思性定位，对未来"理想的我"的一种专业规划。

在教师入职前或处于接受高等教育的发展阶段，需要重视反思以往的学习与生活经历，重视叙述或反思他人教与学的经验与经历，形成对教师社会性自我的初步辨识，形成对教师专业价值、身份与角色等的初步辨识。在专业发展的初期，个人在其专业实践中需要不断地积累工作经验，重新审视自身的价值、动机、需要、能力等，在外部空间的反馈与自我反思的基础上，逐渐明晰自身的职业定位与专业发展方向。并且，重视与外部他者的沟通交流与评价反馈，重视自我的经验积累与反思性理解，努力将个性特征融入教学风格之中，并经由自我的反思与外部的反馈而加以确认。在专业生涯的中期，教师需要大量地积累并内化自身的专业经验，在自我反思与外部反馈的交互中，基本形成了较为稳定的"自我观"，进而实现符合自身个性特征的专业发展。这个阶段教师需要理性地定位自身的需要、动机与价值观，逐步确立自己的专业追求与抱负，并且逐步确立不同的专业定位与发展规划，在"理想的自我"与"现实的自我"之间合理"抛锚"。在专业生涯的后期，教师可能会更容易遭遇到不同程度认同危机，在化解危机的同时教师也需要重新合理地审视自身的专业发展目标，在教学实践中不断找寻到自身专业发展的新坐标。总之，在专业发展的过程中，教师需要不断反思性地调整着自身的专业定位与专业规划，使其能够反映"真实的自我"，并且能够持续地增强自身专业发展的动力。

6.1.2.2 "自我更新"取向教师专业发展不同阶段的自我规划

处于不同阶段的教师，其专业发展呈现较为典型的阶段性特征，因此，在不同阶段教师专业发展的侧重点应有所不同。按照"自我更新"取向的阶段划分，在"非关注"阶段，未来可能从事教师的个体，其生活与学习经历各不相同，他们的个性特质也有很大差异，对于他们而言，需要对这些经历、经验进行叙述与反思，对教师的社会性自我进行主动辨识，初步理解教师的专业价值、身份与角色等，进而不断加强自身的各方面的知识与素养，从而为未来专业生涯奠定一个良好的发展基础，使自身处于一个良好的发展状态之中。在"虚拟关注"阶段，需要特别重视"准教师"对教师专业发展内涵的主动辨识，特别重视"准教师"对教师专业价值、身份与角色的合理辨识，特别重视"准教师"对教师专业理性与非理性的主动建构。在"虚拟关注"阶段，我们需要加强对"准教师"进行相关的职业指导与专业培训，使他们能够对未来的教师专业生涯有一个较为合理的自我认同。在"虚拟关注"阶段，我们还可以有效地引导"准教师"建立自身专业发展中的职业锚，使其对自身未来可能从事的教学专业实践有一个较为清晰的"自我观"。在"生存关注"阶段，教师需要全面理解教学的"专业内涵"，理性地认识教师的外部身份规约与角色期待，不断内化教师的专业价值、身份与角色等，进而重视教师社会性自我的生成。在"生存关注"阶段，教师需要有效地反思自身经历的成功或失败经验，在反思中提高自身的专业能力，逐步使自身的专业水平基本符合教师的专业标准，使自己成为一名合格的教师。在

"任务关注"阶段，教师应重视自我历史向度的反思性理解，对自身的专业经历、经验进行总结提升，不断反思自身的专业价值、身份与角色等，从而在教学实践中建构生成自我。教师需要在积累专业经验、增强专业能力的基础上，重视与外部他者的对话与协商，调控自身专业发展的动力与目标系统，找寻到符合自身状况的专业发展路径。在"自我更新关注"阶段，教师需要克服自身专业实践与专业发展中的焦虑与倦怠情绪，不断增强专业发展的自信心与自豪感，在劳碌与烦琐的专业实践中，找到并形成独具特色的教学模式与教学风格。在"自我更新关注"阶段，教师需要具备一定的叙述能力、反思能力、规划能力与适应能力，教师需要理性地审视自身的专业实践与专业经历，在日常的专业生活中找寻到自我的意义与价值。在"自我更新关注"阶段，教师仍然需要不断反思性地调整着自身的专业定位与专业规划，使其能够反映"真实的自我"，并且能够持续地增强自身发展的动力。

6.1.3 教师在专业发展中需要有效地叙述自我、反思自我

在时空的动态变化中，教师的专业实践充满了故事，教师总是在一个个精彩或令人反省的故事中实现着自我的叙述与反思的。教师总是在具体的、可感的片段中，连贯着自身的专业经验与经历，实现着自身的专业发展。因此，合理认同视域下的教师专业发展需要重视认同的整合性与碎片性，既要重视教师专业经历与经验的整体性，也要重视教师碎片的、片段化的

专业经历与专业经验。

6.1.3.1 在"空间情境"中促进教师的专业发展

教师的日常生活往往在不同的"空间情境"中穿梭,并深受其制约与影响。社会、学校、家庭是最基本的三种空间情境,教师在不同的空间情境中扮演着不同的角色,空间情境也赋予了教师不同的身份,在诸多身份与角色的规约与诉求下,教师对自我的观照也往往呈现鲜明的社会性与情境性。社会、学校与家庭情境呈现极大的差异性与不均衡性,这样一种特性也影响着教师专业实践与专业发展的差异性与不均衡性。教师专业发展中的自我认同是教师对自己的专业实践与专业经历反思性理解所生成的自我,在自我的找寻与确认过程中,教师需要同外部的他者进行沟通与协商,进而共同营造良好的"空间环境"。对教师专业发展的导引,需要我们全面地、合理地审视教师所处的外部空间情境,在对诸多空间情境的分析与定位的基础上,我们也需要充分地利用空间情境的动力系统,充分地化解空间情境的不利因素。

6.1.3.2 在"故事情境"中促进教师的专业发展

"故事情境"既体现了后现代视野下认同的碎片性与独特性,也体现了教师专业发展内在路径的转向。教师的专业实践与专业经历充满了故事,教师在纷繁复杂的故事中叙述着自我。在"故事情境"中,教师专业发展中的自我认同将教师看似碎片化、看似零乱的专业实践与专业生活,有目的且一以贯之地联系起来,在对故事的叙述与反思中,形成教师的专业意义感、身份感、角色观等，进而在反思理解的过程中找寻到专业自我的定位与确认。在"故事情境"中，教师的专业发展要求教师重新反思与理解这些平凡又不平凡、普通又不普通的故事，需要教师在叙述故事的同时，反思性地生成自我。在"故事情境"中，教师可以找寻一条适宜自身发展而又充满挑战的路径线索。合理认同视域下的教师专业发展需要重视教师的"故事情境"，需要教师重视对自身专业发展中经历的或他人经历的故事进行有效的叙述与反思，在叙述与反思中有效地提升自身的专业能力与素养。

6.1.3.3　在"问题情境"中促进教师的专业发展

教师在"问题情境"中面临着外部社会性因素与内在自我的双重困境，教师也是在分析问题、解决问题的过程中实现着专业发展上的分化与分层。在"问题情境"中，教师不仅要能够理性地表征问题、分析问题，还要能够有效地解决问题，这内在地要求教师具备反思性的能力与素养。问题的不断衍生与解决，既是教师的一种生存样态，也是教师专业发展必须回应的主题之一。教师需要重视生活世界中的"问题情境"，直面正视学校教育的困境与难题，在问题中、在生活世界中，实现自身专业发展的不断超越。教师需要用自己的"目光"来审视与思考专业实践与专业发展中存在的各种问题，用自己的"语言"来叙述与反思问题中各种交织的因素及其对专业发展的影响。而且，教师专业发展中创造性的激发，在很大程度上，取决于教师在"问题情境"中如何合理地表征问题、分析问题，如何有效地解决问题。

6.1.4 教师在专业发展的认同危机中需要学会调适自我

教师身处的社会环境与学校情境不断发生变化，教师的生活同样充满了冲突与不确定性。"社会性自我"与"个体自我"之间缺乏有效的沟通与协商，在诸多日益加剧的冲突中，教师专业发展中的自我认同危机不可避免。教师专业发展中的认同危机表现为教师的价值认同危机与自我意义感的丧失，表现为教师自我身份感的困惑与归属感的缺失，表现为教师专业角色的冲突与困惑。伴随着教师自我价值、身份与角色的认同危机，教师越来越缺乏对自我的审视与反思，处于"失语"状态的教师往往更容易产生焦虑的心态，更容易产生对教学本身的倦怠，从而影响到教学的热情与教学的效果。最为重要的是，伴随着价值认同危机、身份与角色认同危机，以及教师"自我的失音"及"焦虑与倦怠"，教师的创造性也日益耗竭，教师的道德框架也陷入分裂的状态，甚至产生了对教育本身的信仰危机。这些危机的产生真切地影响着教师的生活世界，影响到教师自我的建构与生成，影响着教师的专业发展。

教师自我的认同危机是不可能消除的，是教师专业实践与专业发展的一种常态。化解的目的是将教师自我认同的危机导向新的合理认同，充分实现认同危机正向的功能，发挥危机对教师专业发展的建设性意义。同时，化解的目的是尽可能地避免教师自我认同危机所带来的消极影响，避免教师出现不合理的认同状态，降低认同危机对教师专业发展所产生的负向功能。

教师专业发展中自我认同危机的化解，需要重视教师"自我"的觉醒与主体性的发挥，重视教师对专业价值、身份、角色等的合理辨识，重视教师意义感、身份感、角色观等的获得。教师自我认同危机的化解，需要理性地审视教师自我"失语"的发展状态，帮助教师进行积极的自我调适，从而帮助教师正确地面对焦虑、倦怠与压力等现实心理困境，帮助教师在创造性的教学实践中实现自我的价值与意义。面对教师自我认同的多重危机，既不能消极地应对或抵制，也不能一味地否定教师自我认同的危机。我们需要合理地、有效地化解教师专业发展中自我认同危机的影响，在危机这样一种持续的发展过程中，在积极地自我调适的过程中，促进教师专业发展的自我实现与自我超越。

6.2　教师专业发展过程中的"叙事"与"反思"

在特定的历史情境下，许多关于教师自我的论述，往往反映一套具有强制性或影响力的规范，对于教师"是什么、应当如何"的客观界定都是具有规制性的。这些界定都是将教师视为一个角色，是集体的、功能性的，忽视教师的生活经验，忽视教师对专业内涵的意义磋商与主动建构。因此，教师的专业发展需要重视语言的转向，重视在叙述与反思的过程中，促进教师的专业发展。

6.2.1　教师专业发展的语言转向——叙事与反思

当代对于教师专业发展研究的叙事取向，即是希望透过教师生活故事的叙述，协助教师反思其生活的事件与经历，重新建构那些被视为当然的、习以为常的思考与行动意义。在叙述中，教师可以将自己作为思考与体会的对象，暂时远离目前他人的界定和期望，由过去、现在的经历，以及对未来的期望，重新发现自我的多重声音，并形成有体系的论述。[①] 此种对自我的理论化的过程，也正是教师专业发展中合理认同建构的过程。教师的专业实践是一个持续的过程，也是由无数个片段与经验组合而成的专业经历。教师对自我的反思性理解需要教师对自己的专业经验与经历进行一种叙事的语言转向。

今天的自我认同就是一种反思性的成就。自我认同的叙述在与迅速变化着的社会生活情景的关系中被形塑、修正和被反思性地保持下来。[②] 个体必须以一种合理而又连贯的方式把对未来的设想与过去的经验联结起来，以便能够促使把被传递的经验的差异性中所产生的信息与当地性的生活整合起来。在特定的变化情景下，一种自我认同的反思性秩序的叙述，为有限的生活历程提供了赋予一致性的手段。教师的专业发展中的自我认同也是一种反思性的成就。教师的专业发展离不开自我的叙述与反思，而在自我合理认同的建构过程中，叙述与反思赋予了教师专业发展的实现路径。在特定的情境中，一种教师自我认同的反思性秩序的叙述，也为教师的专业生活历程提供了赋予一致性的手段。所以许多学者建议教师进行自我叙事，用以协助自我的反思性理解，并追踪自我在概念理解上的发展。当

---

① 周淑卿：《课程发展与教师专业》，甘肃文化出版社，2005，第88页。
② 安东尼·吉登斯：《现代性与自我认同——现代晚期的自我与社会》，生活·读书·新知三联书店，1998，第253页。

更多的教师进行叙事，并在叙述中反思自我，那么将有助于形成教师的专业自省意识，促进教师工作的专业化。教师专业发展中的自我认同就是对教师有限的生活历程与专业经历，以及自身的经验系统的一种深度描述与反思性理解。教师通过对生活经历与专业经历的叙述与反思，规划着自身专业发展的目标系统。教师通过对来源于专业实践的教育经验的叙事与叙述，反思性地提升自身的专业能力与素养。

6.2.2 教师需要在叙事中进行反思

叙事与反思天然地联系到一起，共同地为教师的自主专业发展创设了一条实现路径。叙事本身蕴含了反思的特质，而反思性理解需要叙事的语言转向。叙事之所以可作为反思与批判的凭借，就在于叙事所使用的语言是实务的、素朴的，所有人皆运用最适于自我表述的语汇、语法叙说自己的所见、所思、所感。当教师用朴素的语言表露实务经验中的信念与情感，即易于看见自己的紧张不安，而去追寻这压制性的来源，也才有机会发现个人或专业社群所处的意识形态氛围。而叙事，正是其中发声的管道。正如 Gudmundsdottir 所言，"发声"代表主体性的重新界定，也允许更多的自我知识展现，这不只是主体性的解放，也将导致实务的改善。[①]

6.2.2.1 对教师专业经历的叙述与反思

教师的反思与叙事需要关注个体历史向度的深度感，在个

[①] 周淑卿：《课程发展与教师专业》，甘肃文化出版社，2005，第 111 页。

人经历的故事中找寻自我。教师自我的合理认同内在地要求教师对其专业经历进行一种深度描述。教师的经历是教师自我与一系列有意义、重要的个人专业经历联系起来的叙事。教师的专业经历不局限于个人的，它可以是其他教师的。教师的经历既包括教师本人讲述的自己的专业经历，也可以是其他人经历的专业经验。教师的专业经历可以是那些对个体有重大影响的经历，也可以是那些比较琐碎但时刻影响着自己生活的经历，还可以是与同事或其他人交流后的"心灵体验"等。教师的专业经历既是自己亲身参与其中的经历，也可以是自己对他人经历的一种诠释与理解。教师的专业经历既包括教师的专业经验、专业训练等，也包括了教师的学习经历和生活经验。在这样的专业经历中，教师个体通过他的历史来叙述他的成长，且反思性地生成着自我。因此，合理认同视域下教师的专业发展需要重视在多种形式的叙事中，对教师自我的故事进行深度描述，在对其专业经历的叙述与反思中促进自身的专业发展。

6.2.2.2　对教师专业经验的叙述与反思

教师的专业发展需要重视以叙事与反思的方式对其自身的专业经验进行意义重构。教师的专业经验既是个人的，也是社会的，既来源于过去与当下的经验，也指向未来新经验的生成。合理认同视域下的教师专业发展，需要教师回归到日常的教学生活世界，需要教师回到日常的经验世界，通过叙事与反思，提升自身的专业素养与专业水平。合理认同视域下的教师专业发展，要求教师通过对经验的叙述，在反思性理解的基础上，呈现教师专业经验的意义。教师的专业发展需要重视教师碎片的、片段的教育经验，这些经验往往真切地影响着教师的专业实践。教师要在叙事与反思的基础上，重新整合与改造教师的经验世界，从而不断提升教师专业发展的自省意识与主动精神，促进教师自主的专业发展。

6.2.3 教师的叙事——用叙述把握我们的生活

我们必须努力赋予我们的生活以意义或实质，而这意味着不可逃避地我们要叙述性地理解自己。[1] 然而，在以往促进教师专业发展的过程中，我们更加重视如何订立特定的专业标准，并要求教师逐项达成，以成就其专业性。然而，此种概念似乎将教师视同技术工匠，以为只要施以特定知能的训练，就能造就一位专业的教师。此种技术训练理论以为可以用价值中立的态度来处理师资教育中的诸多复杂问题，结果却造成教师与专业知识间的疏离，以及对外在权威技能指导的依赖。当代教师的专业发展理论建基于对技术训练取向的批判，试图寻回教师作为专业人员的主体性，以开创教师专业发展的新局面。[2] 教师应积极参与关于"专业"的论述，在生活的经验与故事中反思自己作为教师的意义与行动。叙事，给予一种对未来可能发展的开放性，教师在叙事中发展自己的故事，也发展了自我。因此，我们需要重视教师专业发展中的叙事取向，重视日志、档案、传记，甚至是轶事记载等方面的叙事形态或方法，重视通过这些行之有效的叙事方法来叙述、诠释与反思教师的经验与

① 查尔斯·泰勒：《自我的根源：现代认同的形成》，译林出版社，2006，第76页。
② 周淑卿：《课程发展与教师专业》，甘肃文化出版社，2005，第105页。

故事。透过叙事，帮助教师分析事件中的问题，赋予事件合理或不合理的说明，表露出隐藏于心中的观念与价值，从而促进教师的专业发展。

6.2.3.1 强调教师的"三维叙事探究空间"

康奈利与柯兰迪宁"三维叙事探究空间"的相关理论为教师专业发展的叙事取向提供了有益的借鉴与思考。他们所提出的时间、个人与社会及情境的三维空间理论，有助于我们全面地、深入地透过叙事来反思教师过去、现在与未来的经验与故事，有助于我们更好地反思教师自我与社会性因素的沟通与协商，有助于我们更好地立足于文本与故事，在语言转向中，探索教师专业发展的新路径。在教师合理认同与专业发展的过程中，我们需要重视"三维叙事探究空间"理论所关涉的叙事策略。具体而言，第一，鼓励并指引教师通过写日志、传记、构想和文献分析等方式单独进行反思，或者通过讲故事、信件交流、教师晤谈和参与观察等方式与他人合作进行反思；第二，提倡教师形成"合作的自传"，即由一组教师一起围绕目前工作的背景、当前正使用的课程、所秉承的教育理论、过去的个人和专业生活等主题写出自我描述性的文字，然后进行批判性的评论；① 第三，引导教师开展一系列行之有效的叙事策略，如教师的教学档案袋、集体反思和文献阅读等。

---

① Butt, Richard L., Raymond, Danielle, "Studying the Nature and Development of Teachers' Knowledge Using Collaborative Autobiography", *International Journal of Educational Research*, 1989, Vol. 13, No. 4, pp. 403 – 419.

6.2.3.2　重视教师自我的声音

教师叙事既是人文也是建构的，它尊重教师的声音，也让教师寻回自己作为一位反省实践者的权利与能力。经由实务经验的叙述，教师诠释所经历的事件，赋予事件某种意义，也重新观看其行事方式，并且用自己的语汇表述其对情境的认识与反思。① 在专业发展概念转向之际，教师的叙事与反思获得了高度重视，叙事与反思取向的研究形式，如传记、自传、生活史、叙事、轶事等，在教育研究与教师专业发展领域成为广为接受的方式。对教师而言，叙事与反思可以帮助自己获得来自自我探究的洞察。对研究者而言，以叙事文本作为分析对象，可以更好地把握与理解教师的观点与行动。然而，当研究者试图由教师叙事的文本中获得教师的生命经验时，教师却经常只是一个被解释的人，他们没有真正说话，而是研究者诠释了他们的话语、思想、意图与意义。因而，新的叙事运动强调教师为自己陈述，强调教师自己对生活与工作的反思理解，强调教师自我的声音。

6.2.3.3　重视教师专业实践中的故事

教师很少有真正的权力可决定课程、学校政策或自己的专业发展，而叙事则可以让教师有权以自己的语汇去分析、批判日常生活中发生的一切。在教学生涯中，教师的生活充满了故事，当教师遇到不同的教材、学生，就进行着不同的故事。故

① 周淑卿：《课程发展与教师专业》，甘肃文化出版社，2005，第109~110页。

事以一种独特的真实性深入这充满变量的教室活动中，叙事语言正适合这充满不确定性的专业工作。当代对于教师专业发展研究的叙事趋向，即是希望透过教师生活故事的叙说，协助教师反思其生活的事件与经历，重新建构那些被视为当然的、习以为常的思考与行动意义。因此，在对教师故事的叙述与反思过程中，我们需要重视每一故事所涉及的时空脉络、历史因素，以及事件中人物的行动与影响。我们需要在故事的叙述中，交代事件之间的关系与其中的道理，以解决听者对事件的怀疑，从而促进他们重新组织自己的知识与经验。我们需要在故事的反思中，追问故事的意义与收获，在故事中重新建构与生成自我。

6.2.3.4　重视教师的自传性叙事

对于个人生活连贯感的发展，历史是一种主要的手段，它有益于逃避过去的束缚和敞开未来的机遇。自传作者一方面尽可能地回溯其早期的生活经验，另一方面为涵盖未来的潜在发展设立路线。自传是对过去的校正性干预，而不仅仅是逝去事件的编年史。① 自我发展的线路是具有内在参照性的：唯一显著关联的线索就是生命轨道自身。当教师以书写或叙说的方式来诠释自己的生活史时，他们所做的叙事就开始引导他们反思自己在整个结构中的处境，也透露出其复杂主体性之间的矛盾与冲突。承认此种冲突，教师才可能去反思、修正那些将他们的

---

① 安东尼·吉登斯：《现代性与自我认同——现代晚期的自我与社会》，生活·读书·新知三联书店，1998，第82页。

教师身份予以定位的相关论述，也才能颠覆既定的文化脚本，改写新版本，成为自己未来发展的作者。

6.2.3.5 教师叙事的误区

在叙事的过程中，常常会出现两个问题，以致教师的叙事无助于专业发展。其一，沉溺于个人事件叙述，而未进入事件脉络因素的思考。叙事是进一步理解主体与社会结构关系的起点，当我们越了解故事所在的历史与脉络，就越有能力发觉既存的文化脚本，并进一步改写文化、生命的脚本。然而，若叙事只停留在个人与实务的层次上，未能进入广阔的社会脉络关联性中，就会错失批判与重构的机会，而只流于个人化、独特、孤立的故事叙事。此种叙事，对于整个教师专业发展的贡献是有限的。其二，流于道德的相对主义，即误以为每个人所叙述的皆各有所据、各自成理，于是可以跟从自己的情感、意图而为所欲为。事实上，叙事重视的是叙事者真实地再现其情感与意图，在叙事中真切地自省，且能够与他人有效地对话。教师应当将诠释的、脉络的理解与反思置于优先地位，以避免道德相对主义。①

6.2.4 教师的反思——用反思性理解生成自我

反思性的运动首先来自以下的事实：我们离开了通常的、未加思考的事物的焦点转向语言，这样就揭开了语言的力量的面纱。我们必须不再把语言单纯地看作一种可以更有效地处理

---

① 周淑卿：《课程发展与教师专业》，甘肃文化出版社，2005，第114~115页。

事物的惰性工具。我们要意识到语言可以做什么事情。[①] 个体要建立一条人生轨迹，这条轨迹只能够通过反思而变得首尾连贯。教师的反思，即教师作为主体在其专业实践中的反思活动，是教师的价值反思、身份反思、角色反思、实践反思。这种反思，是教师作为一名专业人员在具体复杂的教育情境下，通过自身的反思和探究，在理论与实践的结合点上形成丰富的实践性知识，成为一名"反思性实践者"。[②]

6.2.4.1　注重教师反思的三种因素

教师的反思要具备三种因素：认知因素、批判因素和叙述因素。[③] 认知因素是指教师教学专业方面所要具备的知识类型，如内容知识、教学法知识、课程知识、学生及其特点的知识、教育背景知识、与教育学相关知识等。教师反思的认知因素影响着教师对专业实践的感知与理性认识。反思性思维的批判因素，关注的是教师对外部规约的批判，以及有关教师"道德与伦理方面的社会同情心和正义感"。反思性思维的叙述因素与教师的叙述有关，强调在教师对自身专业经验与经历的叙事中，生成教师的专业自我。在教师专业发展的过程中，我们需要重视这三种反思性因素，逐步拓展教师的反思性知识背景，提高教师的反思性批评能力，帮助教师在叙事中提升自己反思性理解的能力。

---

① 查尔斯·泰勒：《自我的根源：现代认同的形成》，译林出版社，2006，第757页。

② 阮成武：《主体性教师学》，安徽大学出版社，2005，第19页。

③ Timothy G. Reagan，Charles W. Case，John W. Brubacher：《成为反思型教师》，中国轻工业出版社，2005，第32页。

6.2.4.2 关注教师反思的四种方式

教师对自我的反思性理解，对专业实践与专业经历的反思性理解，有四种基本的方式可供借鉴与思考。具体而言，第一，重视随意的、碎片化的反思。教师的自我认同具有碎片性、片段化的特征，在教师合理认同与专业发展的过程中，不能随意地放弃"头脑中想一想"的问题，需要在随意的、碎片化的反思中，把有价值的东西记录并整理起来，以便为后续的反思性理解提供基础性的材料。第二，重视以传记的形式来记录自己的专业经验与经历，然后进行自我分析。教师的自我认同具有内在的历史向度，我们可以通过"个人史"或"生活史"的叙述与描述来促进教师对自我的反思性理解。第三，重视与同事及他人的交流与对话，在对话中生成自我的反思性理解。诸如，一组教师围绕目前工作的背景、当前正使用的课程、所秉承的教育理论、过去的个人和专业生活等主题写出自我描述性的文字，然后进行批判性的评论①。第四，重视教师的行动研究。我们需要努力使一线的教师在学校情境的行动研究中提升自己的专业能力，在研究中全面、理性地审视自己的专业实践，在研究中促进教师的专业发展。

6.2.4.3 关注教师反思性能力培养的路径

教师的反思本身就是教师对专业经历的一种深度描述与理

---

① Butt, Richard L., Raymond, Danielle, "Studying the Nature and Development of Teachers' Knowledge Using Collaborative Autobiography", *International Journal of Educational Research*, 1989, Vol. 13, No. 4, pp. 403–419.

性思考，教师反思性能力的培养与训练也有其内在的路径可寻。具体而言，第一，过程型反思路径。这一路径立足于教师专业发展的时间跨度，立足于教师专业经历的不同阶段。它又可以分为行动前的反思、行动中的反思与行动后的反思三种，且三者之间相辅相成、互为促进。行动前的反思带有明确的期盼性，指向教师未来的行动，是教师理想自我的具体呈现形式。行动中的反思带有较强的情境性，指向教师当下的专业实际，是教师现实自我的具体呈现形式。而行动后的反思则是对教师过去经历的一种反思，是一种追溯性与回忆性的反思性理解。第二，对话型反思路径。这一路径关注教师的对话与交流，强调教师在一种互动的关系中实现自我的反思性理解。这种反思又可以分为教师与文本的对话、教师与他人的对话，以及教师自我的内部对话。通过对话与交流，教师确认了自我，促进了自身的专业发展与对德性的找寻。第三，网上互动反思路径。这一路径体现了在信息社会的时代背景下，充分利用互联网的交互性、时效性、共享性等特点，克服时空限制，实现教师个体、教师群体的自主交流与有效对话，并且有利于教师的合作探究和交互学习。

6.2.4.4　重视反思型教师的培养

反思型教师的培养既是当前教师教育的热点问题，也是教师合理认同与专业发展的内在要求。教师的合理认同内在地需要教师对自我进行反思性的理解、不断提升自身的反思能力与水平。虽然学者对反思水平的等级划分问题存在争议，但是几乎都对反思有三个层次——技术层面、情境层面、辩证层面表示赞同。[1] 对于反思性水平尚处在技术层面的教师，应为他们提供获得连续、真实的教学经验的机会，并提供指导，与他们一起对问题及其解决方案进行详细讨论。帮助他们在教育理论的指导下，深化对实践问题的认识与理解。对于反思性水平处在情境层面的教师，需要帮助他们了解那些可能对有效教学产生影响的外界因素与限制条件。我们需要安排时间让他们得到来自高等教育机构的支持、信息并进行讨论等，帮助他们建立起观念、理论与实践的桥梁。对于反思性水平处在辩证层面的教师，我们需要给他们提供讨论的机会，帮助他们深入分析自身的教学活动及教学方法等，帮助他们形成对自己的个案研究，引导他们通过叙事与反思，对教学实践中的故事以及教育中的热门话题、各种流派的教育观念等问题进行深入的思考与讨论。

我国学者张贵新、饶从满结合我国教师教育的实际情况，将反思型教师的培养模式归纳为五种：技术性反思模式、行动中和行动后反思模式、缜密性反思模式、人格性反思模式与批判性反思模式。[2] 具体而言，第一，技术性反思模式。技术性反思的内容局限在课堂管理与教学的手段上，简单直接地运用研究者的教学研究成果来指导自己的行动。反思的质量将只是取决于使自己的教学行为符合预定的规则的能力。第二，行动中和行动后反思模式。在行动中和行动后反思中，教师反思的内容主要来自其独特教学情境。反思的质量将主要决定于教师根

---

[1]　Germaine L. Taggart, Alfred P. Wilson：《提高教师反思力50策略》，中国轻工业出版社，2008，第2页。

[2]　张贵新、饶从满：《反思型教师教育的模式述评》，《东北师范大学学报》（哲社版）2002年第1期。

据自己的教学情境和经验做出明智决策并能够予以证明的能力。第三，缜密性反思模式。缜密性反思要求教师反思、关注教学整个领域的事情，包括学生、课程、教学策略及课堂的组织与原则等。反思的质量将主要取决于教师对各种对立的主张进行权衡和给出其所做出合理决定的理由的能力。第四，人格性反思模式。在人格性反思中，教师是以一个关怀者而非信息或知识的施予者的身份或面目出现，他们的工作就是了解学生的实际情况，以便尽可能给予其最佳关怀。反思的质量将主要决于教师的同情能力。第五，批判性反思模式。批判性反思的目的不仅仅是理解，而是在于改善处于不利地位群体的生活质量。批判性反思所关注的是教学实践和学校内部所蕴含的社会、政治意义。这其中包含对教学法和学校结构的道德和伦理意义的反思。反思的质量将主要取决于教师将伦理标准运用到学校教育的目标和过程中的能力。以上五种模式各有优缺点，应该在这五种模式之间建立有机的联系，使其实现有机的互补。尤其是人格性反思模式与批判性反思模式直接关涉教师的自我认同及自主专业发展。因此，把握这些模式的特点，不断提高教师的反思性能力，对于教师自我的合理认同与专业发展，以及我国教师教育的改革与发展来说都具有重要的意义。

6.3 教师专业发展过程中的"对话"与"协商"

教师的专业发展并非朝圣式地符应客观标准，而是旅行式的——经由与所处社会关系中的人互动、磋商，而建构自己作为教师的专业内涵。① 合理认同视域下的教师专业发展，需要实现"自我"与"他者"的对话与协商。"他者"需要合理认同教师的专业价值、身份、角色等，教师"自我"需要反思理解"他者"的因素，并在自身的专业实践中实现自我的价值与发展。

6.3.1 教师专业发展过程中的对话

"对话"作为一种交往关系，意味着交互协商；"对话"作为一种认知方式，意味着动态生成；"对话"作为一种生活方式，意味着真实开放；"对话"作为一种反思方式，意味着抵及心灵。教师的"对话"不仅仅体现为对话教育所倡导的理念，也要重视教师"自我"与"他者"的有效对话。在专业发展的过程中，教师的对话也是一种交往关系，意味着教师需要进行自我与他者的交互协商；教师的对话也是一种认知方式，意味着教师需要在认同的动态过程中生成自我；教师的对话也是一种生活方式，意味着教师需要在生活世界中，在情境、问题与故事中实现对话的语言转向；教师的对话也是一种反思方式，意味着教师需要在对话中把握自身的价值与意义追求，教师需要在心灵探索的旅途中关注自我的意义感、身份感与归属感等。

6.3.1.1 有效地与他者进行对话

对话的有效性影响着对话的质量与效果，进而直接影响着教师自我与他者的沟通与协商。教师对话的有效与否不仅受制

---

① 周淑卿：《课程发展与教师专业》，甘肃文化出版社，2005，第 77 页。

于对话的内容、方式与环境等外部性因素，也受到教师对话习惯、对话品格及对话能力的影响。教师需要有效地实现自我与他者的对话，关注对话的内外因素，力求在有效的对话中实现自我的合理认同。教师有效地与他者进行对话，即教师能够与社会、学校、其他教师以及学生进行有效的对话。

第一，教师需要与社会进行有效的对话。从社会层面而言（这里包括政府层面），有效的对话机制与对话平台，不仅有利于社会合理地认同教师的专业价值、身份与角色等，而且能够更多地听到教师的声音，更多地反映教师生活世界中存在的问题与困惑。这有利于更为合理地制定相关的教师政策，导正相关的教师评价，从而能够为教师的专业发展赢得一个良好的外部空间。从教师个体层面而言（这里也包括教师群体层面），有效的对话机制与对话平台，不仅有利于教师更加全面地反思自身的专业价值、身份规约与角色期待，也有利于教师更加全面地理解相关的教师政策、教师评价等。这也是教师自身专业发展的内在要求，会直接影响到教师的专业热情与发展动力。因此，社会与政府需要重视建立相关的对话机制与对话平台，倾听来自教师的声音，采纳或接受教师的合理建议与要求。

第二，教师需要与学校进行有效的对话。学校是教师生存与发展的场域，学校在引领教师专业发展的过程中需要重视与教师的对话，而教师也需要通过有效的对话实现与组织的共同发展。学校的组织认同（集体认同）离不开教师合理的自我认同，而学校内部对话机制与对话平台的建立，则从根本上影响到教师自我认同与组织认同的统一。学校可以完善相关的对话机制，如开展定时定期的对话、开展有奖有罚的对话、开展自发与自觉的对话、开展个人与群体的对话等。学校可以完善相关的对话平台，如建立校务委员会的对话平台，建立教师代表大会的对话平台，建立教研组、年级组的对话平台，建立无记名的对话平台等等。这些对话机制与对话平台的建立与完善，将极大地促进学校学习型组织的建设，促进学校共同体的建设，同时会进一步增强教师对学校的归属感与向心力，从而激发教师的教学热情与专业发展动力。

第三，教师与教师之间的有效对话。在学校场域中，教师之间的对话不可避免，而教师之间的有效对话（尤其是有效的专业对话）必定会极大地促进教师自身的专业发展。诸如，新手教师与专家教师的有效对话，不仅使他们有效地掌握或理解相关的教学内容、教学方式与教学手段等，而且使他们更好地反思性理解自身的专业实践，确认自己的专业理想与专业发展规划，这无疑会极大地促进他们的专业实践与专业发展。这就需要在教师与教师之间搭建对话平台，建立有效的对话机制。事实上，当前在学校层面的教师教育中，要特别重视教师与教师间的对话与交流，而且需要在对话中促进教师的反思性理解，这也是教师专业发展中自我认同的核心内涵，即对自我（包括社会性自我）的反思性理解。但在现实的学校情境中，教师间的对话往往自发多于自觉，低效或无效多于有效，这就需要我们改变这样一种现状，真正地在对话中促进每一个教师的专业发展。

第四，教师需要与学生进行有效的对话。古语云，"教学相长'，教师与学生的有效对话能够最终促进学校教育目的的实现。在师生有效的对话中，教师能够在学生的语言中全面地认识、定位与调适自我，能够在学生的视域中深刻地理解自身的专业价值、身份与角色等，能够在学生的发展过程中找寻到属于自己的自豪感与创造性。而且，师生有效的对话也是对话教育的根本性内容，无疑会极大地促进学生身心的全面发展，这也是教师专业实践的内在要求。然而，在学校的生活世界中，师生间有效对话的状况堪忧。因此，从教师的角度而言，教师不仅要重视与学生的对话，而且要提高自身的对话能力。对话不只是形式上的言语交流，不是有了对话的时间、地点、过程就算是真正的对话。有效的师生对话，需要教师具备相应的对话品格，在与学生的交往中确立合理的对话规则。教师需要在教学生活中精心地选择话题，并不断提高自身的对话技能等。

6.3.1.2　积极地与自我进行对话

教师的专业发展不仅需要有效地与外部他者进行对话，而且需要积极地与自我进行对话。教师的专业实践是集体性与个体性的统一，在个体的生活世界中，教师的专业实践与专业发展具有相当大的差异性与个性特征。教师的意义感、身份感、角色观等的获得，教师的自豪感、羞耻感等的体验，教师的焦虑与压力的化解，教师的创造性的激发，无不影响着教师自身专业发展的动力系统、目标系统与路径。因此，教师需要学会与自我进行对话，需要在语言中学会叙述自我，并且能够有效地反思自我。教师与自我进行对话往往会伴随着不同的情感体验，积极的与消极的体验直接影响到对话的质量与效果。消极的对话，往往会使教师对教学专业本身产生无意义感，对专业发展产生无方向感，进而可能会造成教师的焦虑与职业倦怠，并且会影响到教师创造性的激发。所以，合理认同视域下的教师专业发展，需要教师积极地与自我进行对话，在积极对话的过程中促进自我的生成。事实上，教师与自我的积极对话就是要求教师重视对自身专业价值、身份与角色等的反思性理解，这就需要教师重视对话过程中的语言转向，在叙述与反思的过程中重视自我的独白与心灵的对话。教师应学会在时间的线索中与自我的历史进行对话，从而在语言的叙述与反思中实现自我的生成与专业的发展。

6.3.1.3　重视对话中的协商

对话胜于对抗，协商胜于指责。在对话的过程中，冲突不可避免，教师自我与他者的冲突与矛盾可能会造成教师的认同危机，这既不利于教师群体的专业化进程，也不利于教师个体的专业发展。在一种多元文化交织的时代背景下，以社会为代表的外部他者往往并不能全面地认同教师的专业价值、专业身份与专业角色等，这会在相关的教师政策、教师评价中予以体现，进而影响到教师生存与发展的外部空间，教师对此更多的是表现出一种不满或指责。在一种不满或指责的状态中，教师往往会不同程度地对一些教育改革或专业诉求表现出一种抵制或抵抗的情绪，这无疑会成为教师专业发展的障碍与阻力。因此，建立有效的对话机制与对话平台，通过积极的对话活动，化解教师上述的不良或不利的状态与情绪，从而帮助克服其专业实践与专业发展中的障碍与阻力。在教师自我与他者积极有效的对话中，需要达成一种协商，在协商中实现二者的统一。

6.3.2　教师专业发展过程中的协商

真正的"他者"是另一个自我，真正的"他者"是一面镜子。合理认同视域下的教师专业发展需要实现"自我"与"他者"的对话与协商。"他者"需要合理认同教师的专业价值、身份、角色等，教师"自我"需要反思理解"他者"的因素，并在自身的专业实践中实现自我的价值与发展。

6.3.2.1　教师自我与他者的价值协商

认同问题归根到底是一个价值问题。认同问题的提出源自于作为社会主体的个人对于自身生存状况及生命意义的深层次追问。教师自我与他者的价值协商是教师他者认同与自我认同的对立统一。教师的他者认同更多地会侧重于教师的社会价值、外在价值，是一种社会本位的价值取向。教师的自我认同则不仅关注教师的社会价值、外在价值，如经济报酬、职业声望与安全、工作环境、领导与同事关系等，也关注教师内在的生命价值与发展价值，如理想工作状态的追求、内在的创造性与独立性等。应该说，"我们认为教师作为个人和职业者，他们的生活和工作是受到教室内外和学校内外的因素和条件的深刻影响的"。[1] 教师的他者认同与自我认同应共同关注教师价值的全部内涵，这样的交互与协商才会迸发出巨大的专业动力。教师的他者认同不仅要关注教师社会价值层面的东西，更要关涉教师

---

[1]　Goodson, I. F., Cole, A. L., "Active Location in Teachers' Construction of Their Professional Identities", *Journal of Curriculum Studies*, 1993, 31 (6), pp. 711 - 726.

主体生命价值的实现，只有在良好的外部空间中，教师这个职业或专业才会更具吸引力，教师的专业发展才能获得更大的动力支持。对于教师的自我认同而言，教师在不满或抱怨主体生命价值未被充分认同的同时，也要清醒地知道，真正的专业自我并不在于教师的外在社会价值，而是潜藏在教师的教学生活之中，潜藏在教师的专业实践之中，在教学中能够感受到快乐的教师才能更好找寻与确认"我是谁"，进而实现自身的专业发展。

6.3.2.2　教师自我与他者的身份协商

教师的身份是流动的，也是变化的，不是一个可以自我决定的概念，需要自我认同和他者认同的交互与协商。一方面，社会需要合理地规约教师的社会身份，而不能一味地把各种身份强加于教师，否则极易造成教师的身份认同危机；另一方面，教师也要学会在互动与协商中建构自己的身份，能够合理有效地辨识教师身份背后的一系列权利、责任与义务等。只有他者认可了自我身份，自我身份最终才能得到社会承认，成为社会身份，并由此获得相应的权力和利益。[①] 教师的身份认同也是教师"自我"的建构历程，是教师依据其过去、现在与未来的专业经万与经验，不断进行诠释与再诠释的过程。在教师身份认同的对话与协商中，需要特别重视教师"教学身份"的获得。在外生的社会规约与改革的背景下，教师需要不断地定位与规划自身的专业发展，反思理解教师的多重专业身份，并且有效

---

① 曲正伟：《教师的"身份"与"身份认同"》，《教育发展研究》2007年第4A期。

地履行诸多专业身份背后的权利、义务、责任与角色等。

6.3.2.3　教师自我与他者的角色协商

教师的角色认同需要妥善地处理好教师自我与他者的关系，重视自我与他者的沟通协商与相互塑造。一方面，社会对某一群体的角色期待越合理，一个人也就越会赞同社会对某个角色约定的行为标准，在这样一种沟通与协商中，合理的角色认同才能有助于自我的合理生成。另一方面，个体也需要合理地定位与内化自身的多重角色系统与角色期待。因此，一方面，社会不能一味地把各种角色强加于教师，需要充分考虑到角色内外所引发的冲突，以及对教师所产生的影响。社会对教师的角色期待应具有更强的专业性与指向性，而不能简单地把教师作为一个"圣者"来对待。另一方面，教师需要学会在冲突与危机中理性地审视自身的专业角色。面对角色间以及角色内部的冲突，教师需要能够积极地化解冲突，克服角色冲突带来的消极情绪。教师需要在角色认同中有效地进行自我与他者之间的对话与协商，从而促进自身的专业发展。

6.4　教师专业发展过程中积极心理机制的培育与自我调适

在教师专业发展的过程中，往往会产生积极的或消极的心理体验，如羞耻感、自豪感与效能感的产生，焦虑、倦怠与压力的形成等。在专业发展的过程中我们需要努力培育教师积极健康的心理机制，引导教师对消极的心理体验进行积极的自我调适，这样才能更好地促进教师的专业发展。教师的心理培育机制主要关注教师羞耻感与自豪感的产生，关注教师满意度的生成，关注教师创造性的激发；而教师积极的自我调适则主要关注如何更好地引导教师化解诸多层面的认同危机，如何更好地引导教师面对焦虑、克服倦怠与调适压力，如何更好地促进教师的身心健康。

6.4.1 在教师专业发展的过程中重视积极心理机制的培育

6.4.1.1 培育教师的羞耻感与自豪感

在教师专业发展的过程中，羞耻感与自豪感往往会伴随而生。教师的羞耻感往往来源于对其所从事的教学专业的一种不充分感受，它会影响到教师的工作满意度，导致教师焦虑与工作压力的产生，从而影响到教师个体的专业实践与专业发展。羞耻感是教师专业发展动力系统的内在要素，会对教师的专业发展产生积极的影响与作用。与之相对，教师专业发展动力系统也为在地需要重视教师自豪感的培育，当一个教师能成功地培育自豪感时，他能在心理上感到自我经历是合理而完整的。教师的自豪感对其自我意义感、身份感和归属感的获得，具有积极的影响。

事实上，良心是羞耻感的主要作用机制，常表现出自尊、焦虑、羞愧和内疚等情绪。教师的羞耻感具有程度上的差异性，不同程度羞耻感的教师，其专业情意与专业发展定位也是有所差异的。因此，我们需要进一步对教师的羞耻感进行研究与探索，这对于教师自我的合理认同与专业发展而言，既是一种深化，也是一种心理学的研究路径。虽然，当前我们缺乏对教师羞耻感相对成熟的心理测评，但可以通过对教师羞耻感的要素分析，进一步探讨教师的专业情意与专业行为；还可以对教师羞耻感这一现象进行质性研究，通过深度访谈、田野式调查与叙事研究等研究方法，对教师的羞耻感作进一步的探讨。

教师的自豪感作为一种心理体验同样伴随着教师的自我认同与专业发展，它更多地体现为一种积极的内驱力。教师的自豪感来自内外两个层面，外部空间的他者，如社会、学校、家庭对教师自我的合理认同往往能够激发教师的自豪感，而教师在教学专业生涯中找寻到自身的专业价值，在教学中生成了自我的意义感、归属感，同样可以极大地激发教师的自豪感。尤为重要的是，当一个教师能成功地培育自豪感时，他能在心理上感到自我经历是合理而完整的。因此，我们可以让教师在对自我专业经历进行叙述与反思的过程中，形成对其所从事的教学专业本身的一种自豪感。社会、学校与家庭也需要重视培育教师的自豪感，这就涉及社会学的研究范畴，这也是对教师专业发展进一步研究与探索的有效路径。

6.4.1.2　提升教师的工作满意度

早期的教师工作满意感是与工作生活质量（quality of work life）在一起研究的。研究者发现较低的薪酬水平、与同事的关系、与学生的关系、时间占用等因素显著影响着教师的工作满意度。NCES 的报告指出，与教师工作满意度联系密切的工作条件包括行政支持与领导、良好的学生行为、积极的学校气氛和教师拥有的自主权等。此外，工作压力、教师对学生的印象和学生的学识对教师的工作满意度也有着重要的影响。国内关于教师工作满意度的研究始于 20 世纪 90 年代。陈云英、孙绍邦的研究表明，教师在工作性质、职业投入感及人际关系上的满意度较高，而在薪水、领导管理、进修提升和物理条件等因素上的满意度较低；袁立新研究发现，中学教师对工作本身、校长、同事的满意度较高，对收入和地位的满意度较低。陈卫旗研究表明，中学教师最关心的是收入与福利，其次是社会地位、学生素质、工作压力、社会认可、教育体制和社会环境，再次是领导与管理、工作条件、工作成就，最后是同事关系；绝大多数中年教师对人际、家庭、工作条件感到满意，对职称、成就比较不满意。宫火良的研究发现，高中教师在自我实现与发展、学校条件、同事和教学活动方面的满意度相对较高，在社会支持、工作强度和待遇方面的满意度相对较低。

上述关于教师工作满意度的研究，从不同的视角探讨了当前教师的工作满意度及其对教师专业实践与专业发展的影响，但未能重视对教师自我的主体性叩问，未从价值、身份与角色等层面，透过社会、集体和个人，进一步探讨教师工作满意度与教师专业发展的内在关联性和外部影响因子。事实上，教师的工作满意度是教师对其工作与所从事专业以及工作条件与状况的一种总体的、带有情绪色彩的感受与看法。工作满意感与提高教师工作成绩、积极的工作评价、强烈的动机、减少倦怠以及增进职业幸福都有密切的联系。教师专业发展中的自我认同关涉意义感、身份感、归属感、自豪感、羞愧感和角色观等的获得，与教师的工作满意度有着密不可分的内在关联。合理认同视域下的教师专业发展，强调对教师专业自我的反思性生成，它不仅体现在精神层面的动力特征，也会反映到教师的专业行为与工作状态中。在教师专业发展的过程中，合理的认同能够有效地提升教师的工作满意度，而良好的工作满意度也有利于教师的专业发展。因此，我们可以通过相关心理学的研究方法，加强对教师工作满意度的进一步研究，进而探讨教师自我的合理认同与专业发展。

6.4.1.3　激发教师的创造性

教师的创造性就是教师在日常专业生活中，不断辨识自我、超越自我，努力达成自身不断发展与完善的过程。教师的创造性与个人的危机意识有关，与教师自我认同的危机有关。是教师自我认同的危机、是那种"我是谁"和"在哪里"的迷惑和疑问，迫使教师在困境与劳碌中以创造性和创新意识来摆脱困境，在危机与困境中实现自我的意义与价值。换言之，只有在创造性和创新意识下，教师才可以真正体验和塑造自己的专业发展。

教师创造性的激发并不是朝夕可以完成的，它需要我们进行全面的、大量的工作。第一，需要为教师营造一个良好的外部环境，注重教师的创造性。社会与学校需要改变过去应试教育背景下的评价标准，重视教师创造性的劳动成果，提升教师积极的专业情意，增强教师的成就感、满意度，这能够较好地激发教师的外部动力系统，较好地激发教师的创造性。第二，需要增强教师的创造意识，培养教师的创造能力。创造性就是一种打破常规的思维模式，要求我们打破旧有的、不合时宜的思维习惯。因此，对于教师的专业发展而言，我们要在思想意识层面，增强教师的创造意识，改变教师按部就班、因循守旧的教学思想。创造性的培养也不是朝夕可以完成的，我们需要通过外部培训、教育，以及教师自身的主动学习，不断提升教师的能力与素养。第三，在当前课程改革的背景下，需要让教师真切地意识到创造性对于教师、学生、课程与教学的意义与价值。尽可能地纠正教师为改革而改革、为创造而创造的错误观点，帮助教师在创造性的教学实践中真切地促进自身的专业发展。第四，进一步深化关于教师创造性的研究课题，如教师创造性地特质理论、教师创造性的价值理论、教师创造性的方法论问题等。这些方面的深入研究，对于教师自我的合理认同与专业发展有着非常重要的意义与作用。

6.4.2 在教师专业发展的过程中重视自我的积极调适

在自我合理认同的过程中，在自身专业发展的过程中，在烦琐芳碌的专业实践中，教师遭遇到太多的危机、冲突与困惑，教师的心理遭受到巨大的考验。在专业发展的过程中，我们需要重视教师焦虑、倦怠与压力等现实的心理困境，重视教师对专业发展中诸多认同危机的化解，重视教师积极的自我调适，从而在专业实践中促进教师的自我实现与自我超越。一般而言，焦虑会让教师感受到工作的压力，感受到自我的不确定性。如果焦虑得不到很好的调适，就会进一步产生烦躁、苦恼、排斥与抵制等心理体验，这将影响到教师的工作状态，甚至会导致教师工作压力的加大与职业倦怠的产生。当焦虑与压力侵袭而来时，教师需要进行积极合理的自我调适，否则就容易加剧其职业倦怠，导致工作满意度下降。因此，在教师专业实践与专业发展的过程中，我们要促使教师能够有效地进行积极的心理调适，能够在焦虑、压力与倦怠中保持良好的工作状态与情绪体验。

6.4.2.1　引导教师正确地面对焦虑

因为教学实践的复杂性、周期性与情境性，再加上统一化的评价标准与应试教育的强压，教师往往更容易在专业实践中产生焦虑的心态。焦虑是教师对自我的一种不确定性，适度的焦虑是教师专业发展的积极因素，可以促进教师积极的自我认同与专业发展。相反，过低或过高的焦虑则不利于教师的专业实践与专业发展。过低或没有焦虑，表示教师往往会丧失教学的热情与兴趣，表示教师消极的工作状态，这是一种消极的不合理认同。过高的或极端的焦虑，则意味着教师处于一种痛苦的专业体验之中，意味着教师的专业实践充满了压力与倦怠，甚至会造成教师对其专业实践与专业发展的放弃，这是一种积极的不合理认同。

焦虑是不可避免的，具有正负两个层面的功能，因此，我们需要帮助教师合理地审视自身的焦虑，帮助教师在自我生成的过程中确立自身的专业规划，使教师在一种确定性的心理体验中，合理地定位自身的专业发展目标与发展路径。而且，根据自身的专业经历与专业水平，教师也需要不断调适自身的专业规划，不断反思性地调整着自身的专业定位，使其能够反映"真实的自我"并且能够持续地增强自身发展的动力。此外，多种形式与手段的心理咨询或心理干预，对于调节教师的焦虑也具有重要的作用与影响。

6.4.2.2 促进教师积极地调适压力

"没有压力就没有动力",这句话在适度的范围内是有道理的。在适度压力面前经常会激发教师的内在潜能,激发教师专业发展的内在动力。因此,我们需要促进教师积极地化解自身的工作压力。在压力面前,教师要保持一种积极的态度与情绪,学会一分为二地进行自我压力管理。当没有工作压力时,提高自身的专业发展目标,学会自我增压。当工作压力很大时,理性地审视教学实践中存在的问题,并且学会自我宣泄。从学校层面而言,学校可以通过制度设计、评价导向及舆论氛围来调控教师的工作压力,尽可能地避免教师过重的工作压力,这对于教师创造性的激发也是非常重要的。诸如,学校可以定期地召开教师的"诉苦会",调控学校的"安全阀";可以设置"宣泄室",改善教师的娱乐设施等;可以多组织教师间的交流与活动,在一种积极的、向上的气氛中,促进学校共同体的建设。从教师个体层面而言,教师需要学会与压力共存,学会积极地调适压力。诸如,教师可以通过倾诉、宣泄等方式来舒缓自身的工作压力,可以借助写日记、"写博客"、体育锻炼,以及听音乐、唱歌等方式,调适自身的工作压力。这些方式与手段,也比较有利于教师形成积极的自我体验,增强专业实践与专业发展的动力。

6.4.2.3 帮助教师有效地克服倦怠

倦怠是一种心理综合症,是发生在与其他人一起工作的个体身上的情绪衰竭、人格解体和降低的个人成就感。倦怠影响教师的心理健康，影响着教师的专业实践与专业发展。影响教师职业倦怠的因素很多，主要集中在背景因素、组织因素和个体因素上。教师的倦怠与教师的认同危机、与教师的焦虑与工作压力，都有着内在的联系。它涉及教师专业价值的意义丧失，涉及教师身份的归属缺失，涉及教师角色的诸多冲突。因此，教师倦怠的克服或化解，需要社会、学校与教师对教学的专业价值、身份与角色进行合理认同；需要教师自我与他者之间的有效协商；需要有效地疏通教师的各种消极情绪体验，如过低或过高的焦虑与压力等；需要有效地增强教师的各种积极的情绪体验，如良好的满意度、归属感、意义感等；需要尊重和满足教师的合理需求，从而激发教师内在的动力系统，促进教师的专业发展。

参 考 文 献

Anthony Giddens, *Modernity and Self - Identity*: *Self and Society in the Late Modern Ane*, Cambridne: Polity Press, 1991.

Antone, Mc. Cormick, D. E. Donato R., "The Student Teacher Portfolio as Autobiography: Developing Professional Identity", *Modern Language Journal*, 1997 (1).

B. A. O. Williams, *Problems of the Self*, Cambridge University Press, 1973.

Baruch A. Brody, *Identity and Essence*, Princeton University Press, 1980.

Beijaard D., "Teachers' Prior Experiences and Actual Perceptions of Professional Identity", *Teacher and Teaching*, 1995 (2).

Beijaard D., Verloop N., Vermunt J. D., "Teachers Perceptional Identity: An Exploratory Study from a Person Alknowled Geperspective", *Teaching and Teacher Education*, 2000 (16).

Cooper, K., Olson, M. R., *The Multiple of Teacher Identity*, In M. Kompf, W. R. Bond, D. Dworet, London/Washington, D. C., The Falmer Press, 1996.

Douwe Beijaard, Paulien C. Meijer, Nico Verloop, "Reconsidering Research on Teachers' Professional Identity", *Teaching and Teacher Education*, 2004 (20).

Dworet, R. Terrance Boak (eds.), *Changing Research and Practice Teachers' Professionalism Identities and Knowledge*, London: Famer Press, 1996.

Editorial, "Emotions as a Lens to Explore Teacher Identity and Change: Different Theoretical Approaches", *Teaching and Teacher Education*, 2005 (21).

Eli Hirsch, *The Concept of Identity*, Oxford University Press, 1982.

Giuseppina, Chiara, On Identity: A Study in Genetic Phenomenology, Martinus Nijhoff, 1976.

Goldron, J. &Smith, R., "Active Location in Teachers Construction of Their Professional Identities", *Journal of Curriculum Studies*, 1999 (6).

Grundy S., Robinson J., *Teacher Professional Development: Themes and Trends in the Recent Australian Experience*, Maidenhead: Open University Press, 2004.

J. C. Turner, M. A. Hogg, P. J. Oakes, S. D. Reicher, M. S. Wetheerll, *Rediscovering the Social Group: A Self - categorization Theory*, Oxford: Blackwell, 1987.

L. Lingard, K. Garwood, C. F. Schryer, M. M. Spafford, "A Certain Art of Uncertainty: Case Presentation and the Development of Professional Identity", *Social Science & Medicine*, 2003 (6).

Maria Flores，"Contexts which Shape and Reshape New Teacher Identities：A Multi－perspective Study"，*Teaching and Teacher Education*，2006（22）．

Michael Samuel，David Stephens，"Critical Dialogues with Self：Developing Teacher Identities and Roles：a Case Study of South African Student Teachers"，*International Journal of Educational Research*，2000（33）．

Mitchell，"Teacher Identity：A Key to Increased Collaboration"，*Action in Teacher Education*，1997．

Moore M．，Hofman J. E.，"*Professional Identity in Institutions of Higher Learning in Israel*"，*Higher Education*，1998．

Ralf Dahrendorf，*Class and Class Conflict in Industrial Society*，Stanford University Press，1959．

Samuel，M．，Stephens，D．，"Critical Dialogues with Self：Developing Teacher Identities and Roles：A Case Study of South Africa"，*International Journal of Educational Research*，2000（5）．

Volkmann M. J．，Anderson M. A．，"Creating Professional Identity：Dilemmas and Metaphors of a First－year Chemistry Teacher"，*Science Education*，1998（3）．

科塞：《社会冲突的功能》，华夏出版社，1989。

乔治·H. 米德：《心灵、自我与社会》，上海译文出版社，1992。

杨寿堪：《冲突与选择》，北京师范大学出版社，1996。

周伟忠：《冲突论》，学林出版社，2002。

卡斯特：《认同的力量》（第二版），社会科学文献出版社，2006。

安东尼·吉登斯：《现代性与自我认同——现代晚期的自我与社会》，生活·读书·新知三联书店，1998。

安东尼·吉登斯：《现代性的后果》，译林出版社，2000。

罗素：《幸福之路》，文化艺术出版社，2005。

哈贝马斯：《交往行动理论》，重庆出版社，1994。

泰勒：《自我的根源：现代认同的形成》，译林出版社，2001。

莫利、罗宾斯：《认同的空间》，南京大学出版社，2003。

克兰迪宁、康纳利：《叙事探究：质的研究中的经验和故事》，北京大学出版社，2008。

苏霍姆林斯基：《把整个心灵都献给孩子》，天津人民出版社，1981。

苏霍姆林斯基：《给教师的一百条建议》，天津人民出版社，1981。

施恩：《职业的有效管理》，生活·读书·新知三联书店，1989。

迈克·富兰：《变革的力量——透视教育改革》，教育科学出版社，2000。

叶澜、白益民、王枬、陶志琼：《教师角色与教师发展新探》，教育科学出版社，2001。

丁钢：《声音与经验：教育叙事探索》，教育科学出版社，2008。

郝文武：《教育哲学》，人民教育出版社，2006。

倪梁康：《自识与反思》，商务印书馆，2002。

赵汀阳：《论可能的生活》，三联书店，1994。

王成兵：《当代认同危机的人学考察》，中国社会科学出版社，2004。

陈静：《身份认同研究》，上海人民出版社，2006。

檀传宝：《教师伦理学专题》，北京师范大学出版社，2000。

张文质：《幻想之眼——一个教育者的内在冲突》，华东师范大学出版社，2006。

曲铁华：《教师劳动价值论》，东北师范大学出版社，1999。

Stephen D. Brookield：《批判反思型教师 ABC》，中国轻工业出版社，2002。

诺曼·K. 邓金：《解释性交往行动主义：个人经历的叙事倾听与理解》，重庆大学出版社，2004。

陈婴婴：《职业结构与流动》，东方出版社，1994。

陈永明：《现代教师论》，上海教育出版社，1998。

陈永明：《教师教育研究》，华东师范大学出版社，2003。

John McIntyre, Mary John O'Hair：《教师角色》，中国轻工业出版社，2002。

费奥斯坦、费尔普斯：《教师新概念——教师教育理论与实践》，中国轻工业出版社，2002。

克里希那穆提：《重新认识你自己》，群言出版社，2004。

布里尼克：《自我与人格结构》，北京大学出版社，2008。

贝利：《追求专业化发展：以自己为资源》，北京师范大学出版社，2007。

利布里奇、图沃－玛沙奇、奇尔波：《叙事研究：阅读、分析和诠释》，重庆大学出版社，2008。

Elizabeth Holmes：《教师的幸福感》，中国轻工业出版社，2006。

迪尔奥：《师生沟通的技巧》，北京师范大学出版社，2006。

Germaine L. Taggart，Alfred P. Wilson：《提高教师反思力 50 策略》，中国轻工业出版社，2008。

徐斌艳：《教师专业发展的多元途径》，华东师范大学出版社，2008。

张维仪：《教师教育——改革与发展热点问题透视》，南京师范大学出版社，2000。

黄威：《教师教育体制国际比较研究》，广东高等教育出版社，2003。

皇甫全：《新课程中的教师角色与教师培训》，人民教育出版社，2003。

朱永新、袁振国：《中国教师：专业素质的修炼》，南京师范大学出版社，2003。

于漪：《现代教师学概论》，上海教育出版社，2001。

吴志功：《21 世纪高师大学生素质教育目标调查及对策研究》，北京师范大学出版社，2001。

饶见维：《教师专业发展：理论与实务》，五南图书出版公司，1996。

王建军：《课程改革与教师专业发展》，四川教育出版社，2004。

程方平：《国外教师问题研究》，沈阳出版社，2000。

王兰英：《教师的价值》，人民教育出版社，1993。

操太圣、卢乃桂：《伙伴协作与教师赋权——教师专业发展新视角》，教育科学出版社，2007。

阮成武：《主体性教师学》，安徽大学出版社，2005。

周淑卿：《课程发展与教师专业》，甘肃文化出版社，2005。

张德锐：《教学档案：促进教师专业发展》，九州出版社，2006。

王少非：《在经验与反思中成长》，山东人民出版社，2008。

于伟：《现代性与教育》，北京师范大学出版社，2006。

陶志琼：《教师的境界与教育》，北京师范大学出版社，2006。

舒志定：《教师角色辩护——走向基础教育课程改革》，浙江大学出版社，2006。

傅建明：《教师专业发展——途径与方法》，华东师范大学出版社，2007。

刘云杉：《从启蒙者到专业人：中国现代化历程中教师角色演变》，北京师范大学出版社，2006。

陈大伟：《创造幸福的教师生活》，四川大学出版社，2005。

马一波、钟华：《叙事心理学》，上海教育出版社，2006。

王斌华：《发展性教师评价制度》，华东师范大学出版社，1998。

宋文广：《教师教育发展研究》，山东人民出版社，2004。

土屋基规：《现代日本教师的养成》，上海教育出版社，2004。

王玉华、杨朝晖：《创造型教师的品质特征及其培养途径》，中国科学技术出版社，2003。

汪信砚：《全球化中的价值认同与价值观冲突》，《哲学研究》2002 年第 11 期。

王成兵：《当代认同危机及其重建》，《北京师范大学学报》（社会科学版）2004 年第 4 期。

王成兵：《略论消费文化语境中的认同危机问题》，《学术论坛》2004 年第 2 期。

欧阳康：《合理性与当代人文社会科学》，《中国社会科学》2001 年第 4 期。

冯小平：《从人的价值与价值的关系看人的价值》，《哲学研究》1997 年第 1 期。

李素华：《对认同概念的理论述评》，《兰州学刊》2005 年第 4 期。

张华夏：《论价值主体与价值冲突》，《中山大学学报》（社会科学版）1998 年第 3 期。

张敏：《国外教师职业认同与专业发展研究述评》，《比较教育研究》2006 年第 2 期。

杨启亮：《论主体性教师素质的培养》，《教育评论》2000 年第 2 期。

檀传宝：《论教师的幸福》，《教育科学》2002 年第 1 期。

郝文武：《师生主体间性建构的哲学基础和实践策略》，《北京师范大学学报》（社会科学版）2000 年第 5 期。

阮成武：《教师专业形象的价值取向与现实建构》，《高等师范教育研究》2002 年第 6 期。

阮成武：《专业化视野中教师形象的提升与统整》，《教育研究》2003 年第 3 期。

沈之菲：《近十年西方教师认同问题研究及启示》，《上海教育科研》2005 年第 11 期。

顾雪英：《职业价值结构初探》，《心理学探新》2001 年第 1 期。

张军凤：《教师的专业身份认同》，《教育发展研究》2007 年第 4A 期。

曲正伟：《教师的"身份"与"身份认同"》，《教育发展研究》2007 年第 4A 期。

尹力：《教师身份泛化：法治视野下亟待化解的问题》，《教师教育研究》2007 年第 1 期。

姜勇：《论教师专业发展的后现代化转向》，《比较教育研究》2005 年第 11 期。

吴永军：《论教师专业发展的德性维度》，《教育发展研究》2008 年第 10 期。

田国秀：《师生冲突的概念界定与分类探究——基于刘易斯·科塞的冲突分类理论》，《教师教育研究》2003 年第 6 期。

吴明霞：《30 年来西方关于主观幸福感的理论发展》，《心理学动态》2000 年第 4 期。

王俊明：《近年来国内关于教师角色冲突的研究综述》，《教师教育研究》2005 年第 3 期。

董泽芳：《社会转型时期的教师角色冲突》，《华中师范大学学报》1996 年第 6 期。

蔡笑岳：《试析教师角色的心理适应与冲突》，《中国教育学刊》1994 年第 5 期。

宋晔：《教师德性的理性思考》，《教育研究》2005 年第 8 期。

刘次林：《教师的幸福》，《教育研究》2000年第5期。

冯伯麟：《教师工作满意及其影响因素的研究》，《教育研究》1996年第2期。

于淑云：《教师人格塑造的价值追求》，《教育研究》1997年第10期。

李慧敏、雷庆：《由"教化"到"内生"的教育——探求安东尼·吉登斯自我认同理论的教育意义》，《教育研究与实验》2006年第1期。

康丽颖：《学校的责任与教师专业发展》，《教育研究》2006年第12期。

宋广文、魏淑华：《论教师专业发展》，《教育研究》2005年第7期。

吴惠青：《论教师个体的生存方式》，《教育研究》2003年第6期。

卢乃桂、操太圣：《论教师的内在改变与外在支持》，《教育研究》2002年第12期。

檀传宝：《论教师"职业道德"向"专业道德"的观念转移》，《教育研究》2005年第1期。

辛涛、申继亮、林崇德：《教师自我效能感与学校因素关系的研究》，《教育研究》1994年第10期。

吴小贻：《教师专业自主权的解读及实现》，《教育研究》2006年第7期。

俞国良、辛自强：《教师信念及其对教师培养的意义》，《教育研究》2000年第5期。

张贵新、饶从满：《反思型教师教育的模式述评》，《东北师范大学学报》2002 年第 1 期。

　　童爱玲:《教师创造性能力的培养》,《教师教育研究》2007 年第 5 期。

后　记

教师专业发展是教师教育变革的核心主题，也是影响各级各类教育事业改革与发展的"教育大计"。对教师专业发展的关注与探索一直是本人专业学习与专业实践的兴趣所在。在读书求学期间，硕士论文关注的是教师职前人才培养模式的改革与发展，博士论文关注的是教师专业发展与自我认同的相关研究。应该说，教师专业发展一直是学习与研究的主线，尽管认识尚浅、研究不深，但逐步聚焦于教师的主体性研究、聚焦于教师的专业学习方式，积累了一些研究心得。工作后，也一直围绕这一主题开展相关科研及研究生教育教学活动，作为主持人先后承担了教育部人文社科项目"大数据背景下教师专业发展的思维转向及职前培养策略研究"、陕西省教育厅项目"陕西省中小学英语教师培训现状的调查研究"等科研项目，承担了"教师教育""教师专业发展研究"等专业课程的教学工作。本书即是在博士论文基础上，结合学习与工作的经验与思考，在多维视域下予以成形与完善。尽管有诸多粗浅甚至偏颇之处，但也体现了一名高校青年教育工作者的专业追求与学术成长。

在博士学习阶段，得到了陕西师范大学李国庆教授的悉心指导，得到了郝文武教授、司晓宏教授、栗洪武教授、陈鹏教授等多位专家的热情帮助。在工作岗位上，得到了西安外国语大学郝瑜教授、李辉教授、孙华教授、杨建伟书记等多位专家、领导的大力支持。一路走来，受益良多！此外，本书出版发行得到了社会科学文献出版社吴敏老师的支持与帮助。在此一并表示感谢。最后也希望能够以本书作为学术生涯的一个印记，献给不断求索的自己和默默奉献的家人。

由于时间和水平所限，本书还存在诸多不足与疏漏之处，敬请各位专家、学者批评指正。

图书在版编目(CIP)数据

自我认同视域下的教师专业发展 / 孙二军著 . -- 北
京 : 社会科学文献出版社,2016.12
ISBN 978 - 7 - 5201 - 0107 - 3

Ⅰ.①自…　Ⅱ.①孙…　Ⅲ.①师资培养 - 研究　Ⅳ.
①G451.2

中国版本图书馆 CIP 数据核字(2016)第 300538 号

自我认同视域下的教师专业发展

著　　者 / 孙二军

出 版 人 / 谢寿光
项目统筹 / 吴　敏
责任编辑 / 吴　敏

出　　版 / 社会科学文献出版社·皮书出版分社 (010)59367127
　　　　　　地址:北京市北三环中路甲 29 号院华龙大厦　邮编:100029
　　　　　　网址:www. ssap. com. cn
发　　行 / 市场营销中心 (010)59367081　59367018
印　　装 / 三河市尚艺印装有限公司

规　　格 / 开　本:787mm × 1092mm　1/16
　　　　　　印　张:18.25　　字　数:204 千字
版　　次 / 2016 年 12 月第 1 版　2016 年 12 月第 1 次印刷
书　　号 / ISBN 978 - 7 - 5201 - 0107 - 3
定　　价 / 69.00 元

本书如有印装质量问题,请与读者服务中心 (010 - 59367028)联系